AEBI & VINCENT ARCHITEKTEN

Der italienische Architekt und Architekturtheoretiker Aldo Rossi verglich die Architektur mit den Wissenschaften. Wie diese schreite die Architektur voran, indem sie stetig auf bereits Erreichtes aufbaue und sich so weiterentwickele. Diesem wissenschaftlichen Aspekt dient diese Buchreihe. Seit 2000 dokumentiert sie die aktuelle Schweizer Architektur. Die Reihe wird in ihrer Kontinuität gleichsam zu einem Gedächtnis der Architektur, das die Werke dem Vergessen entzieht. Von jedem der mit hohem Qualitätsanspruch ausgewählten Architekten und Architektenteams werden die wichtigsten Bauten festgehalten, ausführlich dargestellt und dokumentiert. Jeder Band dient auch der Reflexion über den architektonischen Willen, der hinter den Projekten steht. So sind in dieser Reihe mehr oder minder alle in der Schweiz wirkenden Architekturkritiker mit einzelnen oder mehreren Textbeiträgen vertreten.

Der Hauptteil in jedem Band widmet sich dagegen der Welt der Anschauung. So sind jeweils anhand von Bildern und Plänen einige bemerkenswerte Bauten dargestellt, die nicht einer routinierten «Produktion» entsprungen sind. Vielmehr steht hinter jedem Entwurf eine leidenschaftliche Auseinandersetzung mit der Aufgabe und deren Prämissen.

Heinz Wirz
Verleger

The Italian architect and architectural theoretician Aldo Rossi compared architecture to the sciences. Like them, architecture progresses by constantly building upon what has already been achieved and develops further in this way. Since 2000, this series of books has been dedicated to the same academic approach in documenting contemporary Swiss architecture. It therefore becomes a form of architectural memory, ensuring that the architecture is not forgotten. The most important buildings by each of the selected high-quality architects are presented, described in detail and documented. Each volume also serves to reflect upon the architectural motivation behind the projects. By now, more or less every architectural critic working in Switzerland has contributed one or more articles to the series.

However, the core of each book is dedicated to the world of observation. Images and plans present a number of remarkable buildings that are not the result of routine "production". Instead, each design stems from a passionate engagement with the task and its premises.

**Heinz Wirz
Publisher**

AEBI & VINCENT ARCHITEKTEN

QUART

ZU DIESEM BUCH

Christoph Schläppi

Nach mehr als 20 Jahren und mit fast 100 Bänden ist die Reihe *De aedibus* heute unbestritten eine der wichtigsten Dokumentationen zur Schweizer Architektur. Die Gesamtreihe lädt zu Vergleichen ein, die Einzelbände vermitteln präzise Positionsbestimmungen. Ein Verlag betreut die Reihe, wechselnde Teams kuratieren die Bände. Unter dem gemeinsamen Label tritt immer wieder überraschende Diversität zutage.

De aedibus decken auch etwa den Zeitraum ab, in dem Aebi & Vincent mit ihren wichtigsten Realisierungen an die Öffentlichkeit getreten sind, in Wettbewerben erfolgreich waren, Anerkennungen und Preise gewonnen haben. Viele Projekte dieses Büros haben sich eher unauffällig, aber oft an zentraler Stelle in bestehende Ensembles eingereiht, sind, quasi unter dem Radar, Teil unserer kollektiven Identität geworden. Einige ihrer besten Bauten sind aufgetreten, ohne dass jemand nach den Autoren gefragt hat.

Die Werke von Aebi & Vincent lassen sich auf den ersten Blick kaum auf Formales oder auf bestimmte Themen festlegen. Sie sind als Bauten nicht auffällig, nicht offensichtlich spektakulär, bescheiden, ja introvertiert. Ihre Eigenschaft, sich dennoch in der Vorstellungswelt des Betrachters einzunisten, lässt auf archetypische, ja auratische Qualitäten schliessen. Wir erinnern uns an Walter Benjamin, der den Begriff der Aura prägte und ihn als «einmalige Erscheinung einer Ferne, so nah sie sein mag» definierte. In dieses Bild passt auch die Vielsprachigkeit von Aebi & Vincent über die deutsch-frankophone Sprachgrenze hinweg, die auch eine Architekturgrenze ist. Man könnte das Büro als Vertreter der Moderne bezeichnen, jedenfalls gewinnt seine Arbeit vor diesem Hintergrund besonderes Profil. Aber vielleicht gelingt es ihm oft gerade deshalb, moderne Positionen kritisch zu hinterfragen.

Unvergesslich meine erste Begegnung mit Pascal Vincent: Er Juror, ich in einem Team, fanden wir uns kurzum in ein Gespräch über Städtebau vertieft, das bis heute fortdauert. Später liess mich Bernhard Aebi an seiner Welt teilhaben, in der ich auf eine mir neue Weise erlebte, mit welche grosser Intensität und welch hohem konzeptionellem Anspruch Material, Form und Inhalt in einer Arbeit zusammenfinden können.

Schreiben für *De aedibus* ist immer eine Herausforderung. Man will Themen herausdestillieren, mit denen sich die Alleinstellung der Porträtierten begründen lässt, will zum Kern eines Werks vordringen, will herausfinden, was individuelle Arbeiten an Allgemeingültigem in sich tragen. Schreiben für Aebi & Vincent heisst, sich der beredten Schweigsamkeit von Werken aussetzen, mit Dingen konfrontiert zu werden, die unterschwellig, hintergründig sind – doppelbödig, wie Marcel Meili vielleicht gesagt hätte. Im Fall dieses Buches habe ich vorgeschlagen, als Autor für einmal nicht in die Rolle als Aussenstehender, als Interpret zu schlüpfen. Vielmehr hat es mich interessiert, in die Erzählungen der Architekten einzutauchen, den Bogen von den Werken nicht zur Interpretation, sondern zur Intention hin zu spannen. Dass der Funke dabei trotzdem manchmal in die andere Richtung gesprungen ist, möge uns als Zeichen einer intensiven Auseinandersetzung verziehen werden.

ABOUT THIS BOOK

Christoph Schläppi

Currently, the *De aedibus* series, which spans nearly 100 volumes over more than 20 years, is arguably one of the most important documentations of Swiss architecture. The complete series enables comparisons, the individual volumes convey precise positions. A single publishing house is responsible for the series, while changing teams curate the individual volumes. The common label often diffuses a surprising diversity.

The *De aedibus* series also corresponds roughly to the period in which Aebi & Vincent and their most important projects made their public debut and won competitions, recognition and prizes. Many of the office's projects established themselves within existing ensembles rather unobtrusively, albeit often in central locations, becoming part of our collective identity, virtually under the radar. Some of their best buildings have appeared without anyone asking who the authors were.

At first glance, the work of Aebi & Vincent is difficult to define in terms of form or specific themes. Their buildings are not conspicuous, not obviously spectacular, but almost introverted. Their tendency to nevertheless become embedded in the viewer's imagination suggests archetypal, even auratic qualities. We are reminded of Walter Benjamin, who defined the term aura as "the unique appearance of a distance, however close it may be". Aebi & Vincent's multilingualism across the German-French language border, which is also an architectural border, fits into this picture. One could describe the office as a representative of modernism. Certainly, this is a backdrop against which the particular profile of their work is thrown into relief. But perhaps it is precisely for this reason that they often manage to question modern positions.

My first meeting with Pascal Vincent was memorable: he, a juror, and I, a member of one of the competing teams, found ourselves immediately engrossed in a conversation about urban planning, and it continues to this day. Later, Bernhard Aebi introduced me into his world. It allowed me to experience, in a way that was new to me, the intensity and conceptional demand behind a design's combination of material, form and content.

Writing for *De aedibus* is always a challenge. One wants to evoke themes with which the distinctive features of what is being portrayed can be justified, wants to get to the heart of a body of work, wants to understand what individual works carry within them in terms of general validity. Writing for Aebi & Vincent means exposing oneself to the eloquent silence of their designs, being confronted with things that are subliminal, enigmatic – ambiguous, as Marcel Meili might have said. For this book, I suggested not to slip into the role of the interpreting outsider, for once. Instead, I was interested in immersing myself in the stories of the architects. In discussing the work, I wanted to look at the authorial intention rather than at the interpretation of the projects themselves. If I, occasionally, also glanced in the other direction, it is simply an indication of the intensity of my engagement with their work.

BERNHARD AEBI UND PASCAL VINCENT ERZÄHLEN

Aufgezeichnet von Christoph Schläppi

Bernhard Aebi

Wir haben uns 1990 im Atelier 5 kennengelernt. Wir haben mehr Gemeinsamkeiten als nur die Architektur. Genf beispielsweise, Pascals Heimatstadt. Die Stadt, zu der ich schon seit meiner Kindheit eine sonderbare Beziehung habe, eine unbestimmte Anziehungskraft, ein Sehnsuchtsort. Dann die Leidenschaft für den Sport: Pascal spielte Tennis, ich lief Mittelstrecken – beides Einzelsportarten. Beide haben wir über den Sport gelernt, erfolgreich zu sein. Die Voraussetzung dazu ist, verlieren zu können. Wer nicht verlieren lernt, kann auch nicht gewinnen. In solchen Dingen denken wir gleich.

Bald begannen wir, Projekte zu diskutieren und gemeinsame Reisen zu unternehmen. Ein ideales Team sind wir wahrscheinlich auch deshalb geworden, weil wir sehr verschieden sind. Wir haben unterschiedliche Charaktere und Veranlagungen und pflegen verschiedene Herangehensweisen. Er ist von seiner Natur her ein Jäger, ich bin ein Sammler.

Mich interessiert die Breite einer Aufgabenstellung, die von der Planung im städtebaulichen Massstab bis hin zur Gestaltung eines Stuhls reichen kann. Eine weitere Dimension kommt hinzu, wenn Aufgaben im historischen Kontext eingebettet sind, wenn die Herausforderung darin liegt, Bestehendes zu erhalten statt zu ersetzen. Dann das Produktdesign: Was kann Form? Was passiert, wenn man an etwas vermeintlich Perfektem weiterarbeitet? Zwischen diesen Polen haben wir uns in mehreren grossen Projekten bewegt, beispielsweise beim Parlamentsgebäude oder bei der Nationalbank in Bern.

Ich arbeite nicht plakativ, sondern an der Wahrnehmungsschwelle. Ich glaube, dass auch die unterschwelligen Dinge wahrgenommen werden und dass diese Dinge für die Wirkung eines Entwurfs wichtig sind. Beispielsweise in einer Bar am Casinoplatz in Bern, die wir kürzlich fertiggestellt haben. Der Terrazzoboden besteht unter anderem aus sizilianischem Lavasand mit eingestreuten Veracimuscheln. Aus der Mischung des Eruptivgesteins mit Material organischen Ursprungs, dem Aufblinken des Perlmutts entsteht eine neuartige sinnliche Qualität. Darüber hinaus erhoffe ich mir aber vor allem auch eine emotionale Wirkung. An der Decke kombinieren wir in der gleichen Absicht eine Vergoldung mit Weissgold und ein Neonband, dessen rosa Schimmer die Decke optisch abheben lässt. Als Hommage an Trix und Robert Haussmann haben wir in diesem Raum eine ihrer Molekül Lampen aus den 1980er Jahren aufgehängt.

Ich habe mit einer Zeichnerlehre in einer Bauunternehmung angefangen. Nach einem Jahr durfte ich die Ausführungspläne für eine ganze Fabrik zeichnen. Diese Herausforderung hat mich darin bestätigt, auf dem richtigen Weg zu sein. Von Architektur hatte ich damals keine Ahnung. Es war ein Besuch in Ronchamp, der mein Interesse weckte. Das war im vierten Lehrjahr.

Prägend war die Zeit im Atelier 5. Hier habe ich begriffen, dass Planen bedeutet, ringsum zu schauen, das Ganze zu sehen. Nicht nur auf der Parzelle oder am Ort. Eine besondere Beziehung hatte ich zu Alfredo Pini. Er war ein Bauchmensch, ich bin es auch. Mich interessiert zwar analytisches, systematisches Denken, aber darum geht es nicht in der Architektur, im Design und im Städtebau. Wenn ich das sage, kommt

BERNHARD AEBI AND PASCAL VINCENT TELL THEIR STORY

Recorded by Christoph Schläppi

Bernhard Aebi

We met in 1990 at Atelier 5. We have more in common than just architecture: Geneva for example, Pascal's home town. The city, with which I have had a curious relationship since my childhood, is for me a place of peculiar attraction, a place of longing. Then the passion for sports: Pascal played tennis, I was a middle-distance runner – both are individual sports. We both learned to be successful through sport. The prerequisite is the ability to lose. If you don't learn to lose, you can't win either. We think alike on such matters.

We soon began to discuss projects and to travel together. If we became an ideal team, it is probably also because we are very different. We have different characters and dispositions and cultivate different approaches. He is a hunter by nature, I am a gatherer.

I am interested in the breadth of a task, which can range from planning on an urban scale to the design of a chair. A further dimension is added when tasks are embedded in a historical context, when the challenge is to preserve rather than replace what already exists. Then there is product design: what can form do? What happens when one keeps working on something supposedly perfect? We have moved between these poles in the course of several large projects, for example in the Parliament Building or the National Bank in Bern.

I like to work not brashly, but just at the threshold of perception. I believe that subliminal things are also perceived and that these things are important for the effect of a design. One example is the bar at the Casinoplatz in Bern, which we recently completed. The terrazzo floor is partly made from Sicilian lava sand interspersed with Veraci clam shells. This mixture of volcanic rock and organic materials, with the shimmering mother-of-pearl, creates a novel sensuous quality. But besides that I am hoping in particular to elicit an emotional effect. That is why we gilded the ceiling with white gold combined with a neon ribbon whose pink sheen highlights the ceiling. As a tribute to Trix and Robert Haussmann, we hung one of their Molecular Chandeliers from the 1980s in the room.

I started out as a draughtsman's apprentice in a construction company. After a year, I was asked to draw the working drawings for a whole factory. This challenge confirmed my sense that I was on the right track. I had no clue about architecture at the time. It was a visit to Ronchamp that sparked my interest. That was in my fourth year as an apprentice.

What was formative for me was the time at Atelier 5. It was there that I understood that planning means looking around you, seeing the whole picture. Not just the plot or the location. I had a special relationship with Alfredo Pini. He was someone who is guided by instinct, as am I. Although I am interested in analytical, systematic thinking, that is not what architecture, design and urban planning are about. As I say that, the garden of Le Corbusier's Petite Maison in Corseaux comes to mind. A tree, a table, two walls and an opening in the wall – you might simply describe it as a place to sit, but to me it is a scene of perfection.

mir der Garten in Le Corbusiers Petite Maison in Corseaux in den Sinn. Ein Baum, ein Tisch, zwei Wände, eine Öffnung in der Wand – was man einfach als einen Sitzplatz bezeichnen könnte, nehme ich als einen perfekten Ort wahr.

Otl Aichers Buch *Die Welt als Entwurf* hat mir Jacques Blumer, Partner im Atelier 5, nähergebracht. Aicher berichtet, dass jeder Gegenstand von einer Person entworfen wurde. Ausgehend von dieser Erkenntnis beschreibt er die Geschichte von Wahrnehmung und Design. Im Buch *Analog Digital* macht er den Unterschied zwischen diesen beiden Welten zum Thema, beispielsweise in der Gegenüberstellung einer analogen mit einer digitalen Uhr. Hier die unmittelbare Sinnlichkeit, dort die Information, die vom Betrachter einen konstruktiven Akt verlangt.

Ralph Gentner vom Atelier 5 hat mir den Umgang mit Künstlern und ihrer Arbeitsweise nähergebracht. Er hat den Kontakt zu dem Fotografen Balthasar Burckhardt und dem Künstler Markus Raetz hergestellt, für dessen Atelier ich die Planung und Bauausführung machen durfte. Raetz hat mir eine Ahnung davon vermittelt, was Sehen bedeutet. Bei Raetz habe ich auch den Künstler Adrian Scheidegger kennengelernt, der damals dessen Assistent war.

Ein Kern meines Umgangs mit Architektur besteht darin, mich mit Emotionen auseinanderzusetzen. Diese Thematik hat mich getragen, als ich an dem dreibeinigen Tisch Rik für die Wandelhalle im Parlamentsgebäude arbeitete. Der Fuss dieses Möbels entstand aus der Idee eines Stöckelschuhs. Seine Form beruht auf Kugeln und Tangenten, welche diese verbinden. Die Form lässt sich berühren, ertasten, beschreiben, aber sie löst vor allem etwas aus.

Derzeit arbeiten wir daran, die Modellpalette um zwei grössere Varianten zu erweitern. Man könnte meinen, es würde genügen, die bestehende Form anders zu skalieren. Die Überprüfung hat gezeigt, dass Form nicht losgelöst vom Massstab betrachtet werden kann. Was man in der Physik berechnen kann, lässt sich in der Formgebung nur mit Ausprobieren, mit beharrlichem Herantasten an das Endresultat erzielen. Zwischen dem Ausgangspunkt und dem Resultat eines solchen Prozesses liegen oft nur Nuancen. Auch hier operieren wir also im Bereich der Wahrnehmungsschwelle, wo Unterschiede zwar kaum sichtbar, aber mit Sicherheit spürbar sind.

Im Zuge unseres Umbau- und Erweiterungsprojekts im Zürcher Hauptbahnhof führen wir die Wannerhalle auf eine Farbigkeit zurück, die sich am ursprünglichen Farbklang orientiert. Die Kombination eines hellen Blaus mit Elfenbein und leichtem Grün haben wir mit Adrian Scheidegger entwickelt, mit dem wir seit Bestehen unseres Büros zusammenarbeiten. Jeder von uns bringt in seinem jeweiligen Spezialgebiet die entsprechenden Kenntnisse mit. Die Zusammenarbeit jedoch besteht vor allem darin, sich gegenseitig herauszufordern, Neues zu entdecken. Mich persönlich bringt der Dialog mit Adrian insofern weiter, als er mir ermöglicht, Lösungen zu entwickeln, zu denen ein Architekt normalerweise keinen unmittelbaren Zugang hat. Als Künstler kann er mir eine freiere Sicht auf Dinge vermitteln.

Ich habe einmal bei einem Vortrag eines Tourismusspezialisten die Aussage aufgeschnappt, dass Umwege die Ortskenntnis erhöhen. Das mache ich in meiner Arbeit auch, zum Beispiel, wenn ich mich in einer Stadt verliere. Besonders spannend ist es, Dinge zu versuchen, von denen man am Anfang nicht glaubt, dass sie funktionieren können.

Unser Büro ist mittlerweile sehr gross geworden. Pascal und ich treffen uns wöchentlich für zwei Stunden, um Entscheide der Geschäftsleitung und Administration zu fällen.

I was introduced to Otl Aicher's book *The World as Design* by Jacques Blumer, a partner at Atelier 5. Aicher writes that every object was designed by a person. Taking this insight as his point of departure, he describes the history of perception and design. In his book *Analog Digital*, he discusses the difference between these two worlds, for example in the juxtaposition of an analogue and a digital watch. On one side, there is immediate sensuality; on the other, there is information that requires a constructive act from the observer.

Ralph Gentner of Atelier 5 brought me into contact with artists and their approaches. He introduced me to the photographer Balthasar Burckhardt and the artist Markus Raetz, for whose studio I led the design and construction management. Raetz imparted to me an idea of what it means to see. It was also through Raetz that I got to know the artist Adrian Scheidegger, who was his assistant at the time.

Central to my approach to architecture is the engagement with emotions. This guided me as I was working on the Rik three-legged table for the Parliament Building's "salle des pas perdus". The foot of this piece of furniture originated in the idea of a high-heeled shoe. Its shape is based on spheres and the tangents that connect them. The form can be touched, felt and described, but above all it is evocative.

We are currently working to expand the range of models with two larger units. One might think that it would be enough just to change the scale of the existing form. But it turns out that form cannot be considered in isolation from scale. What, in physics, can simply be calculated, can be achieved in design only through trial and error, by patiently feeling one's way towards the desired form. The differences between the starting point and the end result of such a process are often mere nuances. So here too, we operate in the vicinity of the perception threshold, where differences, though hardly visible, can still clearly be felt.

As part of our conversion and extension of Zurich's Central Station, we are restoring the Wannerhalle in colours inspired by its original tones. We developed the composition of light blue, ivory and light green with Adrian Scheidegger. We have been working with him ever since we founded our office. Each of us brings expertise in his respective area to a project. But the cooperation consists mainly in challenging each other to discover new things. As far as I am concerned, the dialogue with Adrian is valuable because it allows me to develop solutions which an architect normally could not immediately access. As an artist, he can give me a clearer view of things.

I once heard a lecture by a tourism expert who said that detours increase one's knowledge of a place. I do the same in my work, for example when I get lost in a city. It is especially exciting to try things that you do not initially believe can work.

Our office has become quite large over the years. Pascal and I meet every week for two hours to make decisions on management and administration. The rest of the time, we work on our projects. Doris Baumann is responsible for office management nowadays. Thanks to a strong, well-functioning administration, we have time for our work as architects. Pascal and I work on many projects simultaneously, all in different phases, dimensions and scope.

Die restliche Zeit arbeiten wir an unseren Projekten. Heute hat Doris Baumann die Geschäftsleitung inne. Dank der starken, gut funktionierenden Administration haben wir Zeit für unsere Arbeit als Architekten. Pascal und ich arbeiten an vielen Projekten gleichzeitig, alle in unterschiedlichen Phasen, Dimensionen und Qualitäten.

Pascal und ich tragen und prägen das Büro seit 24 Jahren. Aber die Möglichkeit, das zu tun, was wir tun, haben wir nur dank unserer engagierten Geschäftspartner, Mitarbeiterinnen und Mitarbeiter. Sie haben in dieser ganzen Zeit mit uns an unseren Projekten gearbeitet, uns dabei unterstützt und Dinge ermöglicht, die über unsere individuellen Möglichkeiten weit hinausgehen. Sie haben unsere Hartnäckigkeit, die manchmal bis zur Besessenheit reicht, mitgetragen. Dafür sind wir ihnen dankbar. Ebenso dürfen wir uns glücklich schätzen in all den Jahren mit Bauherrschaften gearbeitet zu haben, welche uns in den allermeisten Fällen vertrauten und unterstützten.

Qualität hat in der Architektur nichts mit den zur Verfügung stehenden Mitteln zu tun.

Ob ich Vorbilder habe? Wahrscheinlich Adolf Loos, der es schaffte, einen klassischen Anspruch und ein modernes Architekturverständnis auf einen gemeinsamen Nenner zu bringen. Bei dem Projekt für die Nationalbank standen wir mit dem neu eingefügten Verbindungsbau an einem solchen Punkt: Einerseits haben wir hier traditionelle Berner Parkettböden eingebaut, andererseits in der Erschliessungsschicht im Hof ein subtiles tektonisches Spiel gespielt: das Emporwachsen der Stützen, die sich geschossweise um den Betrag ihrer Verkleidung verjüngen, so dass sich die Proportionen, der Raumcharakter, der Luftraum zur Glashülle der Stützenstruktur gegen oben auflösen. Dieses Motiv beruht auf sehr konsequent entwickelten Details und hat gleichzeitig eine starke emotionale Komponente.

Carlo Scarpa hat beim Castelvecchio in Verona mit den feinen Unterschieden kleiner Elemente gespielt. Eine solche Architektur ist keiner Mode unterworfen. Auch unser Verständnis von Architektur hat sich im Umgang mit historischen Bauten verändert. All die Selbstverständlichkeiten des professionellen Alltags relativieren sich, wenn man mit der Materialität und Konstruktion eines solchen Hauses konfrontiert ist. Während viele dieser Bauten mit im Vergleich zu heute eher bescheidenen technischen Mitteln realisiert wurden, bezaubern sie durch ihren Reichtum an Themen, ihre Vielfalt von schöpferischen Lösungsansätzen, die Qualität ihrer handwerklichen Machart.

Das beste Beispiel dafür, wie es funktionieren muss, sind Gründerzeithäuser. Sie haben öffentliche Erdgeschosse für Läden oder Dienstleister, im ersten Obergeschoss ist vielleicht eine Sondernutzung untergebracht, darüber kommt das Wohnen. Dinge wie Diversität, Nutzungsdurchmischungen, Reserven bei den Geschosshöhen werden heute neu erfunden, dabei gehörte dergleichen vor mehr als 100 Jahren zum Allgemeinwissen. Bei meinem letzten Besuch in Amsterdam stellte ich fest, dass vielerorts die Erdgeschossläden verschwunden waren. Jetzt werden die Erdgeschosse wieder auf kleinzellige Strukturen und innovative Nutzungen zurückgeführt. Es sind die Orte, wo sich das städtische Leben abspielt – egal, ob dort gewohnt oder gearbeitet wird, ob Lofts oder kleine Büros eingerichtet werden.

In Naters arbeiten wir an einem städtebaulichen Masterplan für das ganze Gemeindegebiet von der historischen Dorfmitte bis hinunter an die Rhone. Mein erster Kontakt mit der Gemeinde entstand aus der Anfrage für eine Machbarkeitsstudie zur Rhonemühle. Später haben die Auftraggeber der Mühle offenbar der Gemeinde empfohlen, uns für einen neuen Quartierplan beizuziehen. Wir haben den Ort analysiert, danach

Pascal and I have run and shaped the office for 24 years now. But we are only able to do what we do thanks to our dedicated Associate Partners and employees. Throughout this time, they have worked with us on our projects, supported us and made things possible that would have been far beyond our individual capacities. They have supported our devotion to our work, which sometimes verges on obsession. We are grateful to them for this. Also, we can consider ourselves lucky to have worked during all these years with clients who, in the majority of cases, have trusted and supported us.

In architecture, quality has nothing to do with the resources available.

Do I have role models? Probably Adolf Loos, who managed to bring classical aspirations and a modern understanding of architecture down to a common denominator. In our project for the National Bank, we reached such a point with the new connecting building: on the one hand, we installed traditional Bernese parquet flooring, and on the other, we played a subtle tectonic game in the corridor around the courtyard: as the columns ascend, they taper off, floor by floor, by the thickness of their cladding, so that the proportions, the spatial character and the space between the columns and the glass envelope dissolve towards the top. This motif relies on rigorously developed details and also has a strong emotional component.

Carlo Scarpa experimented with the subtle differentiation of small elements on the Castelvecchio in Verona. This kind of architecture is not subject to fashion. Our own understanding of architecture has also been altered by our experiences with historical buildings. All the things you take for granted in your usual professional routine are relativized once you confront the materiality and construction of such an edifice. While many of these buildings were constructed using technical means that are rather modest when compared to today's standards, they still fascinate with the richness of their themes, the variety of creative approaches they display and the quality of their craftsmanship.

The best examples of the way things should work are *Gründerzeit* buildings. They have public ground floors for shops or service providers. The first floor might be reserved for special use, and above that, there is housing. Things like diversity, mixed use and reserves in ceiling height are being reinvented today, but this was all common knowledge over 100 years ago. During my last visit to Amsterdam, I noticed that in many places, the ground floor shops had disappeared. Now the ground floors are being reconverted to small-scale structures for innovative uses. These are the places where urban life takes place – whether people live or work there, or whether they are outfitted as lofts or small offices.

In Naters, we are working on an urban master plan for the entire municipal area from the historic village centre down to the Rhône. My first contact with the municipality came through a request for a feasibility study concerning the Rhonemühle. The commissioners of the study later recommended us to the municipality to draw up a new urban development plan for a neighbourhood. We analysed the site and came up with a concept for the heart of the neighbourhood. This was followed by workshops with residents, who provided valuable insight for the plan's conception.

ein städtebauliches Konzept für die Kernzone entwickelt. Es folgten Workshops mit Anwohnerinnen und Anwohnern, von denen wesentliche Impulse für die Entwicklung des Quartierplans ausgingen.

Man muss sich im Städtebau auf eine gemeinsame Haltung einigen, jemand muss für ein Projekt geradestehen. Wie überall haben wir auch in Naters erwartet, dass es Diskussionen über die Notwendigkeit eines städtebaulichen Konzepts geben würde. Stattdessen durften wir feststellen, dass die Bevölkerung sich grundsätzlich für ein Gesamtkonzept ausspricht. Die Leute haben gespürt, dass es mit aller Selbstverständlichkeit aus dem Ort, aus der Geschichte entwickelt worden ist. Wenn die Argumentation kohärent ist, können alle Beteiligten die Idee eines einzelnen Autors mittragen.

Naters hat städtebaulich gesehen im Entwicklungsgebiet ein grosses Potential. Es gibt fast keine Quartierstrassen, teilweise sind die Häuser nur über Einstellhallen erschlossen. Die neuen Ortsteile stehen auf einem Terrain, das mit dem Schutt des Simplontunnels aufgefüllt wurde. Unser Konzept geht davon aus, dass 90 Prozent der bestehenden Häuser erhalten bleiben, dass eine Struktur entsteht, die mit dem Bestand verwoben wird. Dazwischen stehen ab und zu auch einige Gebäude, die städtebaulich eher verunglückt wirken. Interessanterweise tun gerade diese der Stadt gut. In den 1950er Jahren wurde die neue Furkastrasse gebaut und wie eine Brücke in die Landschaft gelegt. Wir schlagen vor, das Quartier im Inneren durch eine Diagonale zu erschliessen. Dafür müssten langfristig nur zwei Häuser entfernt werden. Die Idee besteht darin, eine Strasse weiterzuführen, die seit 100 Jahren existiert. Die Lösung ist neu, aber ihre Logik ist alt. Die Aufgabe gleicht einem Sack voller Wörter, mit denen eine neue Geschichte geschrieben wird.

Ein wichtiges Ziel ist eine hohe Dichte. Dichte erzeugt wirtschaftlich, sozial, ökologisch einen Mehrwert. Wir schlagen in Naters eine hohe Ausnutzungsziffer von teilweise bis 2,0 vor. Die von uns vorgeschlagenen neuen Regeln erlauben sechs Geschosse. Eigentümer können ihre Kontingente gegenseitig abtauschen, so sind auch höhere Bauten möglich.

Eine weitere städtebauliche Intervention im Bestand haben wir in Herzogenbuchsee in Arbeit: Das Bahnhofquartier erstreckt sich zwischen der Eisenbahn und dem historischen Zentrum. Hier entwickeln wir den Masterplan auf der Grundlage des historischen Quartierplans von 1860, des sogenannten Moserplans. Der Masterplan, den wir ausgehend von dessen Parzellenstruktur für die Gemeinde entwickelt haben, soll für Jahrzehnte die Zentrumsentwicklung bestimmen. Jenseits der Eisenbahn liegt das Industrieareal mit der Mühle und der Mosterei. Hier sind wir vom Eigentümer mit der Ausarbeitung des Richtprojekts auf der Basis unseres Masterplans beauftragt worden. Die Eisenbahn hat das Gebiet vor mehr als 150 Jahren zerschnitten. Es geht uns darum, die beiden Ortsteile einander stärker anzunähern.

Ich habe das Glück, dass ich in Herzogenbuchsee aufgewachsen bin. Dies verschafft mir zusätzliche Glaubwürdigkeit und das Vertrauen der Leute. Ich bin einer von ihnen, einer, der draussen in der Welt war.

Soeben ist der Kredit für die Personenunterführung in einer Gemeindeversammlung mit deutlicher Mehrheit angenommen worden. Wie wir das geschafft haben? Offensichtlich ist es uns zusammen mit der Gemeinde gelungen, diplomatisch vorzugehen, die Menschen einzubinden und abzuholen. Wie schwierig das ist, sieht man an der Vorgeschichte dieses Projekts. Jahre zuvor war hier eine fertige Planung zur Verdichtung in der Mitwirkung zurückgewiesen worden, weil die Leute überfordert waren. Es war nicht gelungen, die Auswirkungen der geplanten Aufzonung bildlich zu vermitteln.

In urban planning, you have to find a common stance and someone must take responsibility for a project. We expected that in Naters, like everywhere else, there would be discussions about the need for an urban development plan. Instead, we found that the population was generally in favour of having a master plan. People could sense that we had, as a matter of course, let the plan grow out of the location and its history. If the reasoning holds up, everyone involved can rally round the idea of a single author.

From an urban planning point of view, Naters' development area has great potential. There are almost no neighbourhood streets and in some cases the houses are accessible only through parking garages. The new areas stand on a terrain that was filled in with rubble excavated for the Simplon tunnel. Our concept assumes that 90 percent of the existing buildings will remain, that the resulting structure will be interwoven with what is already there. In between, there are also a few buildings that look unfortunate from an urban planning point of view. But interestingly, it is precisely these buildings that do the city some good. The new Furkastrasse was built in the 1950s; it was laid into the landscape like a bridge. We propose connecting the interior of the neighbourhood through a diagonal. Only two buildings would have to be removed for this in the long run. The idea is to extend a street that has existed for 100 years. The solution is new, but its logic is old. The task is like using a bag of words to write a new story.

One important goal is high density. Density creates added economic, social and ecological value. In Naters, we propose a high floor-area ratio, in some cases up to 2.0. The new rules we propose allow for six floors, and owners can swap their allocations, so taller buildings are also possible.

We are working on another urban development intervention in Herzogenbuchsee. The neighbourhood around the railway station extends from the railway to the historical centre. In this case, we are developing a master plan using the historical neighbourhood plan of 1860, the so-called Moser Plan. Based on that plan's plot structure for the municipality, our master plan is set to determine the development of the town centre for decades to come. Beyond the railway lies the industrial area with the mill and the cider press. Here we have been commissioned by the owner to develop a preliminary project based on our master plan. The railway divided the area more than 150 years ago. Our aim is to bring the two districts closer together.

I am fortunate to have grown up in Herzogenbuchsee. This gives me additional credibility and trust. I am one of them.

Recently, it was decided at a town hall meeting to significantly increase funding for the pedestrian underpass. How did we manage this? Apparently, we were able, together with the municipality, to proceed diplomatically, to get people involved and on board. The project's earlier history shows how difficult that is. Years ago, a finalised plan for densification was rejected, because people were overwhelmed. They had not been given a vivid sense of the benefits of the planned rezoning.

When we started, I asked the mayor to visit Monte Carasso. There, 40 years ago, Luigi Snozzi tried to take a different approach to urban development – oblivious to the building laws and regulations that apply across the country.

Als wir begannen, habe ich den Gemeindepräsidenten aufgefordert, Monte Carasso zu besuchen. Dort hat Luigi Snozzi vor 40 Jahren versucht, einen anderen Weg einer Ortsentwicklung einzuschlagen – fern der landauf landab gültigen Baugesetze und Verordnungen. Die Lösung, die Snozzi damals vorgeschlagen und in Ansätzen realisiert hat, hilft uns, Konventionen über Bord zu werfen und räumlich zu denken. Man ist Missionar.

Gibt es etwas Spannenderes, als einen Ort zu planen, an dem man vielleicht nie selber bauen wird? Öffentliches Leben für Menschen zu planen, die man nicht kennt, die aber an diesem Ort zu Hause sein werden? Ein Gradmesser für die Qualität einer solchen Arbeit ist vielleicht das Mass, in dem der Autor hinter seinen Entwurf zurücktritt. Je selbstverständlicher das Resultat, desto unbedeutender wird das Kriterium der Autorschaft.

Pascal Vincent

Ob ich ein moderner Architekt bin? Natürlich! Aber ich glaube, dass die Kritik am modernen Gedankengut begründet ist. Ich interessiere mich für die Poesie klarer, definierter Räume, wie sie in jedem rational geprägten Städtebau entstehen. Ich habe im Atelier 5 viele Plätze und öffentliche Räume analysiert. Das Problem besteht nicht primär darin, mit der Architektur weiterzukommen, sondern vielmehr darin, nachhaltig mit der Idee von Stadt umzugehen. Dies bedeutet: dicht zu bauen, weiterzubauen. Also keine weiteren extrovertierten Architekturen mit exaltierten Fassaden. Vielmehr geht es um die Kontinuität des Städtebaugedankens bis zum Ausführungsdetail. Es geht darum, den roten Faden zu finden und den Gedanken von Stadt zu klären.

Die Architektur repräsentiert in der heutigen Gesellschaft einen Individualismus, der sofort erkennbar sein soll, der sich vom Bedarf an Raum loslöst. Man provoziert, in jede Ecke wird ein Monument gesetzt. Dies steht im Widerspruch zum öffentlichen Interesse. Nehmen wir den Wohnungsbau. Jedes Haus hat einen hohen, fast musealen Anspruch. Aber eigentlich müsste die Architektur als Raum funktionieren. Öffentlicher Raum muss von Vielfalt geprägt sein.

Der Tessiner Architekt Luigi Snozzi hat mit seiner Planung für Monte Carasso bewiesen, dass Städtebau bei einer Mauer anfangen kann, einer prägenden Struktur, welche die Grenze zwischen dem Haus und dem öffentlichen Raum baulich besetzt. Dieser öffentliche Raum ist im heutigen Städtebaudiskurs viel weniger präsent, als ihm zustehen würde. Im Vordergrund stehen Repräsentation, Individualismus, Mediatisierung. Um Raum zu gestalten, braucht es hingegen ein Verständnis von Kultur. Der Städtebau hat eine grosse Geschichte hinter sich. Wie sieht die Stadt von morgen aus? Sicher kann sie nicht nur aus sentimentalen Bildern bestehen, sondern muss zunächst einmal funktionieren. Stadt ist gleichzeitig sehr einfach und hyperkomplex.

Wenn man dicht bauen will, muss man auch Nähe akzeptieren. Mehr noch: Damit ein Raum als solcher spürbar wird, muss er gehalten werden, dazu braucht er Nähe. Wir arbeiten momentan an einem Hotelprojekt am Eigerplatz in Bern. Wir wollen mit diesem Gebäude gewissermassen einen Kristallisationskern setzen, von dem aus wieder eine Quartierstruktur wachsen kann. Dies ist mit dem geltenden Baugesetz und der städtischen Bauordnung nicht möglich, ohne dass wir Näherbaurechte einholen müssen.

Ich frage mich, weshalb der heutige Mensch Angst hat, nahe zu bauen. Wir kämpfen häufig für Abstand. Aber wollen wir diesen wirklich? Die Stadt ist der Prototyp für eine Lebensweise des Miteinanders. Die städtebauliche Herausforderung besteht darin,

The solution that Snozzi proposed and partly realized at the time helps us to throw conventions overboard and think spatially.

Is there anything more exciting than planning a location where you may never build something yourself? Planning public life for people you do not know, but who will call that place their home? The measure of the quality of this kind of work is perhaps the extent to which the author effaces himself behind his design. The more self-evident the result, the less significant the question of authorship becomes.

Pascal Vincent

Am I a modern architect? Of course! But I believe that the criticism of modern thinking is justified. I am interested in the poetry of clear, well-defined spaces, as they emerge in any rationally shaped urban design. At Atelier 5, I analysed many squares and public spaces. The problem is not primarily advancing architecture, but rather dealing with the idea of the city in a sustainable way. This means: to build densely, to continue to build – so no more extroverted architecture with exalted façades. Instead, it is about the continuity of the urban planning idea right down to the details of the execution. It is about finding the common theme and clarifying the idea of the city.

Today, architecture represents an individualism that should be immediately recognizable, disconnected from the need for space. It is provocation; monuments are erected on every corner. This is contrary to public interest. Take housing construction: each building has high, almost museum-like aspirations. Yet architecture should function as a space. Public space must be characterized by diversity.

The architect Luigi Snozzi proved with his planning for Monte Carasso that urban development can start with a wall, a formative structure that constructively occupies the boundary between the house and the public space. Public space is much less present in today's urban planning discourse than it ought to be. Representation, individualism and mediatisation have taken precedence. In order to design space, however, one needs an understanding of culture. Urban planning has a long history. What does the city of tomorrow look like? Certainly, it cannot consist only of sentimental images, but must first function. The city is both very simple and hypercomplex.

To build densely, one must accept closeness. Moreover, for a space to be perceptible as such, it must be held, and for this it needs closeness. We are currently working on a hotel project at Eigerplatz in Bern. With this building, we want to establish a kind of core for crystallization from which a neighbourhood structure can grow. Given the current building laws and local regulations, this is not possible without special permission.

I wonder why people today are afraid of building things closely together. We often fight for distance. But do we really want it? The city is a prototype for a way of living together. The challenge for urban development lies in building street spaces. Unfortunately, current planning instruments do not support us in creating public spaces.

Strassenräume zu bauen. Leider unterstützen uns die gängigen Planungsinstrumente nicht dabei, öffentliche Räume zu schaffen.

Es ist ein Drama, dass die Städte und Gemeinden zwar riesige Terrains an Investoren abgeben, diese aber nicht als Räume gedacht werden. Der daraus resultierende Verlust der Raumbeherrschung ist ein absolutes Debakel. Das Problem beginnt bei der Frage des Stadtverständnisses – einer Strukturfrage. Oft sind wir in den Diktaten der CIAM (Congrès Internationaux d'Architecture Moderne) gefangen, planen aus der Vogelperspektive, mit weiten Räumen, viel Sonne, viel Grün. Doch wer will das tatsächlich?

Ich jedenfalls möchte so dicht wie möglich bauen. Das hat nicht nur mit räumlicher Qualität zu tun, sondern ist entscheidend für Ressourcenverbrauch und Nachhaltigkeit. Aber Dichte ist viel mehr: sie ist wie eine Umarmung, ein Gefühl. Man kann diese Qualität in historischen Städten erleben. Kürzlich war ich zufällig in Riquewihr, einem winzigen Städtchen im Elsass von kaum mehr als 1000 Einwohnern, mit einer Stadtmauer, steinernen Gassen, Pflästerungen von Fassade zu Fassade, mittelalterlichen Häusern. Diese Perfektion als Struktur hat mich beeindruckt.

Uns ist nicht nur das Gefühl für Dichte abhanden gekommen, sondern auch für Schwere, für Spannung. Schon als Kind haben mir Dinge gefallen, die schwer sind, die ein Gefühl von Schwere erzeugen. Ich mag Luginbühl, weil er mit Schrott, mit schwerem, gebrauchtem Material gearbeitet hat. Ich liebe Serra, die Materie, mit der er arbeitet, die Gravitation, die von dieser Materie ausgeht, das unheimliche Gefühl von Schwere, die gleichzeitig räumlich ist. Dichte ist auch eine physische Grösse, wir sprechen vom spezifischen Gewicht, durchaus auch in Verbindung mit Architektur und Raum.

In der heutigen Architektur werden vorwiegend Punkthäuser, Siedlungen, Konglomerate gebaut. Unsere Gesellschaft produziert mehr denn je im städtischen Massstab, aber das Eigentliche, die Urbanität ist abwesend. Ich glaube, dass es im modernen Städtebau überzeugende Beispiele gegeben hat, die auf eigenen Regeln basieren – wir dürfen durchaus die Halensiedlung von Atelier 5 als Beispiel nennen. Aber ich glaube, dass wir im heutigen Städtebau andere Regeln brauchen.

Nehmen wir beispielsweise das Kirchenfeldquartier in Bern, wo ich wohne. Wie planvoll hier vorgegangen wurde! Für dieses Quartier wurde zuerst eine Brücke gebaut, gleichzeitig wurden die Bäume gepflanzt, erst nachher kamen die Häuser. Das ist für mich ein bemerkenswerter Ansatz, wahrscheinlich von Ingenieuren, die für die *Berne Land Company* gearbeitet haben, nach rationalen Kriterien konzipiert. Dass eine Gesellschaft die Verantwortung übernimmt, die öffentlichen Räume so klar zu definieren, beeindruckt mich. Wir können Referenzbeispiele für dieses Denken in verschiedenen Epochen und Massstäben beobachten: in der Berner Zähringerstadt schon im 12. Jahrhundert, vor allem aber im 19. Jahrhundert, als Haussmanns Paris oder Cerdàs Plan für Barcelona entstanden sind.

Was haben wir solchen Beispielen entgegenzusetzen? Sicher den Novartis Campus in Basel. Leider tendiert er dazu, ein Museum zu werden, in welchem Einzelobjekte sich gegenüber der Stadt in den Vordergrund drängen. Das ist sicher auch auf das Selbstverständnis der Bauherrschaft zurück zu führen. Ein mit dem Novartis-Campus vergleichbares Problem ist an unserem Projekt Guisanplatz in Bern aufgetreten. Während der Planung und Realisierung hat sich die internationale Lage so zugespitzt, dass das Areal mit einer Sicherheitsabschrankung umgeben, also der Stadt entzogen werden

It is tragic that cities and municipalities hand over huge tracts of land to investors without thinking of them as spaces. The resulting loss of control over space is an absolute fiasco. The problem begins with the question of how we understand the city – a question of structure. We are often caught up in the mandates of CIAM (Congrès Internationaux d'Architecture Moderne), planning from a bird's eye view, with wide spaces, plenty of sun and a wealth of greenery. But who really wants that?

I for one would like to build as densely as possible. This is not just a matter of spatial quality but is crucial for resource consumption and sustainability. But density is much more: it is like an embrace, a feeling. One experiences this quality in historical cities. Recently I happened to be in Riquewihr, a tiny Alsatian town of barely more than 1,000 inhabitants, with a city wall, stone streets, paving from façade to façade and medieval houses. The perfection of this structure impressed me.

We have not only lost the sense of density, but also of mass, of tension. Even as a child I liked things that were heavy, that created a feeling of weightiness. I like Bernhard Luginbühl because he worked with scrap metal and heavy, used materials. I love Richard Serra and the material he works with, the gravity that emanates from it and the uncanny feeling of heaviness that is spatial at the same time. Density is also a physical quantity, a specific weight, one that also applies to architecture and space.

Today's architecture mostly produces point blocks, housing estates and conglomerates. Our society produces more than ever on an urban scale, but the real thing, the urbanity, is absent. I believe that there were convincing examples of modern urban planning based on their own rules – we may well take the Halensiedlung from Atelier 5 as an example. But I believe we need different rules in urban planning today.

Consider the Kirchenfeld quarter in Bern, for example, where I live. How well it has been planned! First a bridge was built for the quarter and at the same time the trees were planted, and only afterwards were buildings constructed. For me, this is a remarkable approach, probably designed by engineers who worked for the *Berne Land Company*, following rational standards. The fact that a company took responsibility for defining public spaces so clearly impresses me. We can observe examples of this way of thinking in different eras and on different scales: in Bern's Zähringerstadt as early as the 12th century, but especially in the 19th century, when Haussmann's Paris or Cerdà's Eixample Plan for Barcelona were conceived.

What do we have to compare with such examples? The Novartis Campus in Basel is certainly one. Unfortunately, it appears to be turning into a museum, one in which individual objects push themselves to the fore, relegating the city to the background. This no doubt reflects the owner's self-conception. A problem comparable to that of the Novartis Campus has arisen at our project on Guisanplatz in Bern. During the planning and implementation phase, the international situation became so tense that the area had to be surrounded by a safety barrier and thus isolated from the city. The city must be considered over the long term, however. When conditions change, when tasks and uses

musste. Stadt muss aber in langen Zeiträumen gedacht werden. Wenn sich die Verhältnisse ändern, wenn sich die Aufgaben und Nutzungen wandeln, kann die Anlage wieder ins Quartier integriert, kann vielleicht sogar zu einem neuen Mittelpunkt werden – die Voraussetzungen sind gegeben. Ein anderes interessantes Beispiel ist die Europaallee in Zürich. Es gibt viele kritische Stimmen zu diesem Stadtteil. Ich hingegen finde, dass in ihm sehr viel stadträumliche Qualität steckt. Dabei spreche ich explizit nicht von der Architektur, sondern von den Stadträumen.

Meine Utopie sieht so aus: dichte Städte, dazwischen Natur mit Wölfen, Bären. Nicht diese halbherzige Natur. Die Superdichte hier, die Supernatur dort. Aber die Siedlungsräume breiten sich aus wie eine Bakterienkultur in einer Petrischale. Wir kompensieren den Mangel an städtischer Kultur mit nachhaltigem Beton aus Schutt, pflanzen Bäume als Surrogat für Landschaft.

Eines meiner wichtigsten frühen Projekte im Atelier 5 war die Siedlung Rotherbaum in Hamburg. Dieses Projekt hat mich stark geprägt. Der Plan beruhte auf einer Randüberbauung mit einer Bürozeile an der Hauptstrasse. An diesen Rand haben wir eine Kammbebauung gelegt, mit sehr schmalen, aber funktionstüchtigen Strassen von fünf Metern Breite zwischen den Häusern – wie im Mittelalter, dazu mit kleinen Passerellen. Zwischen den Kämmen grüne Räume. Ein elementarer Gedanke. Von einer ähnlichen Idee sind wir später in einer Wohnüberbauung in Aarau ausgegangen. Dort haben wir Innenhöfe gebaut und einen von ihnen mit schmalen Gassen erschlossen.

Gute Räume müssen sich als Treffpunkte, als Orte der Interaktion anbieten. Sie müssen klar definiert sein. Sie müssen eine Identität haben, auf die Situation eingehen. Räume übernehmen in einem gewissen Sinn die Analyse des Ortes. Am Anfang dieser Analyse steht der Kontext in all seinen Ausprägungen. Das Verständnis des Ortes ist das A und O im Städtebau. Dabei geht es um eine Lektüre, eine spezifische Art von Verstehen. Das gilt auch für Umbauten. Bevor du intervenierst, musst du verstehen, was der ursprüngliche Gedanke hinter dem Gebäude war.

Wer ist nicht auf der Suche nach einer gewissen Perfektion? Ein perfekter Raum in einem perfekten Gebäude besitzt eine Spiritualität. Das Gebäude singt. Das Gebäude hat eine Melodie. Die Schwierigkeit liegt darin, dass wir immer mit diesem Anspruch unterwegs sind. Man schafft es nicht immer, manchmal gelingt es. Manchmal klingt es gut, aber nicht perfekt. Den Zauber spürt man sehr schnell. Licht, Raum, Dichte, Magie. Bauen hat eine existentielle Dimension.

change, the site can be reintegrated into the neighbourhood and perhaps even become a new focal point – because the prerequisites are in place. Another interesting example is the Europaallee in Zurich. This district has attracted a lot of criticism. But I believe there is a great deal of urban quality to it. I am explicitly not talking about the architecture, but about the urban spaces.

My utopia looks like this: dense cities, and in between, nature with wolves and bears. Not this half-hearted nature. Super-density here, super-nature there. And yet urban areas are spreading like a bacterial culture on a Petri dish. We compensate for the lack of urban culture with sustainable concrete made from debris and by planting trees as surrogates for landscape.

One of my most important early projects at Atelier 5 was the Rotherbaum housing estate in Hamburg. This project had a strong influence on me. The plan was based on a perimeter development, with a row of offices towards the main street. To its side we placed a comb-shaped development built along very narrow but functional streets, with a width of 5 m between the buildings – small passages, like in the Middle Ages. Between the combs are green spaces. It is an elementary concept. We used a similar idea later in a residential development in Aarau. There, we built a series of interior courtyards and connected one of them to the surrounding landscape via narrow alleys.

Good spaces must offer themselves as meeting points, as places of interaction. They must be clearly defined. They must have an identity and respond to the situation. In a certain sense, spaces take over the analysis of a place. At the beginning of this analysis lies the context in all its manifestations. Understanding a place is the alpha and omega of urban planning. It is a matter of being able to read a place, of achieving a specific kind of understanding of it. This also applies to conversions. Before you intervene, you must understand what the original idea behind the building was.

Who does not seek some degree of perfection? A perfect room in a perfect building has spirituality. The building sings. The building has a melody. The difficulty lies in the fact that we are always driven by this demand. We do not always succeed, but sometimes we do. Sometimes it sounds good, but not perfect. One feels the magic very quickly. Light, space, density, magic. Building has an existential dimension.

1856 wurde auf dem Niesen das erste Berghaus fertiggestellt. Damals wurden noch Engländer in Sänften auf den Gipfel getragen. Der Ort bietet einen unglaublichen Ausblick auf die Berge. Hier die Berner Alpen, auf der Gegenseite das Mittelland, die urbane Welt. Die Krete trennt zwei Räume, zwei Lebenswelten.

In einer Sennhütte zieht man auf einem Holzrost die schmutzigen Schuhe aus. Im Berghaus tritt man vom Stein auf eine Holzplattform. Man spürt den anderen Boden, hört einen anderen Klang, betritt einen Ort der Zivilisation.

Vom gesamten Hotelprojekt des Wettbewerbs wurde nur das Restaurant ausgeführt: ein altes Haus, eine Plattform, ein Schutzdach. Der Neubau ist wie ein Tisch in die Topographie gestellt. Das Dach wurde mit Unterstützung der ETH Lausanne als umgekehrter Flugzeugflügel konstruiert: Die Traufkante liegt höher als die Dachfläche, so dass Abtrieb entsteht. Die Mikropfähle, auf denen das Ganze ruht, wurden mit Ausziehversuchen getestet. Die höchste gemessene Windgeschwindigkeit betrug deutlich über 200 km/h, das Haus ist für 270 km/h ausgelegt.

Um den Effekt schwarzer Scheiben in der Nacht zu vermeiden, haben wir Leuchten in die Plattform eingelassen. Sie machen Terrasse, Brüstung und Dachuntersicht wahrnehmbar. Die Fuge zwischen Glaskörper und Dach verstärkt den Eindruck eines Schutzraums. So entsteht ein einzigartiger Ort der Kontemplation, am eindrücklichsten, wenn die Elemente entfesselt sind, wenn Wolken, Sturm und Regen vorüberziehen. Dann entspricht das Berghaus trotz seiner modernen Bauweise emotional einer Sennhütte.

The first house was constructed on the Niesen in 1856. At that time, English tourists were carried to the summit on sedan chairs. The peak offers an incredible view of the surrounding mountains. On one side, the Bernese Alps, on the other, the Swiss Plateau, the urban world. The ridge separates two spaces, two ways of life.

In a mountain cabin, dirty boots are removed on a wooden grate. Then one steps from stone onto a wooden platform. One feels the changed ground, hears a different sound and enters a place of civilisation.

Of the initial competition brief for the design of a hotel, only the restaurant was commissioned: an old house, a platform, a shelter. The new building is placed like a table in the topography. In collaboration with the EPFL in Lausanne, the roof was designed as an inverted aircraft wing: the eaves are higher than the roof surface. This generates a downforce. The micropiles on which the entire structure rests were subjected to traction tests. The highest wind speed measured on site is over 200 km/h. The building is designed to resist wind speeds of up to 270 km/h.

To avoid the effect of black windows in the night, we embedded lights in the platform that make the terrace, parapet and soffit visible. The joint between the glass panel and the roof reinforces the impression of a shelter. This creates a unique place of contemplation, most impressive when the elements are unleashed, when clouds, storm and rain pass by. Then the alpine lodge, despite its modern construction, emotionally re-evokes a mountain cabin.

Niesen Kulm, 3711 Mülenen BE
Auftraggeber: Niesenbahn AG,
3711 Mülenen BE
Wettbewerb: 1. Rang, 1998
Projekt: 1999
Ausführung: 2000–2002

Auszeichnungen: *ATU PRIX 2003*, Bernischer Kulturpreis für Architektur, Technik und Umwelt, *Neues Bauen in den Alpen – Architekturpreis 2006*
Kunst am Bau: Adrian Scheidegger, zehn Künstler Postkarten

Niesen Kulm, 3711 Mülenen BE
Client: Niesenbahn AG,
3711 Mülenen BE
Competition: 1st Prize, 1998
Project: 1999
Construction: 2000–2002

Awards: *ATU PRIX 2003* Bernischer Kulturpreis für Architektur, Technik und Umwelt, *Neues Bauen in den Alpen – Architekturpreis 2006*
Art in architecture: Adrian Scheidegger, "zehn Künstler Postkarten"

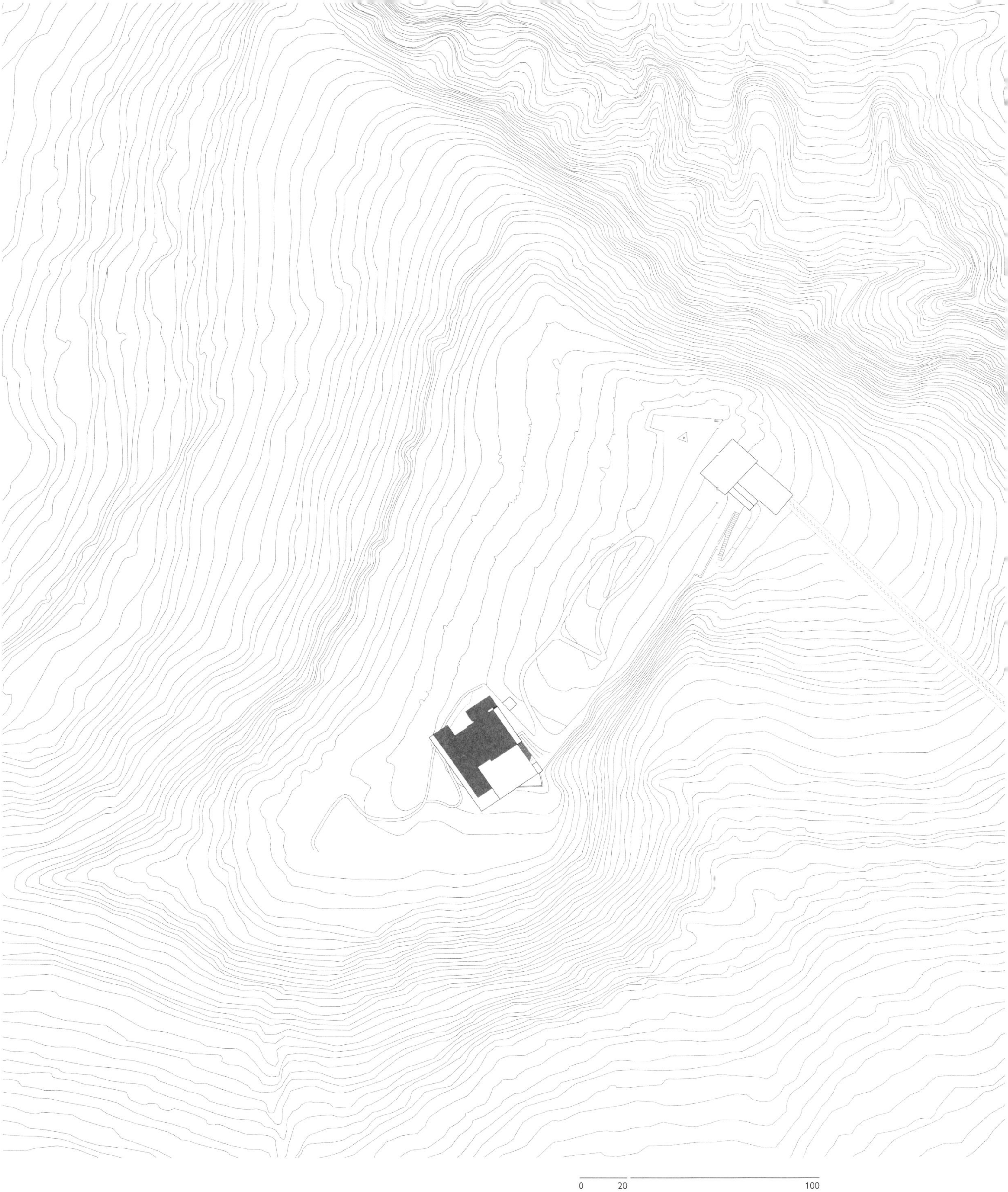
0
20
100

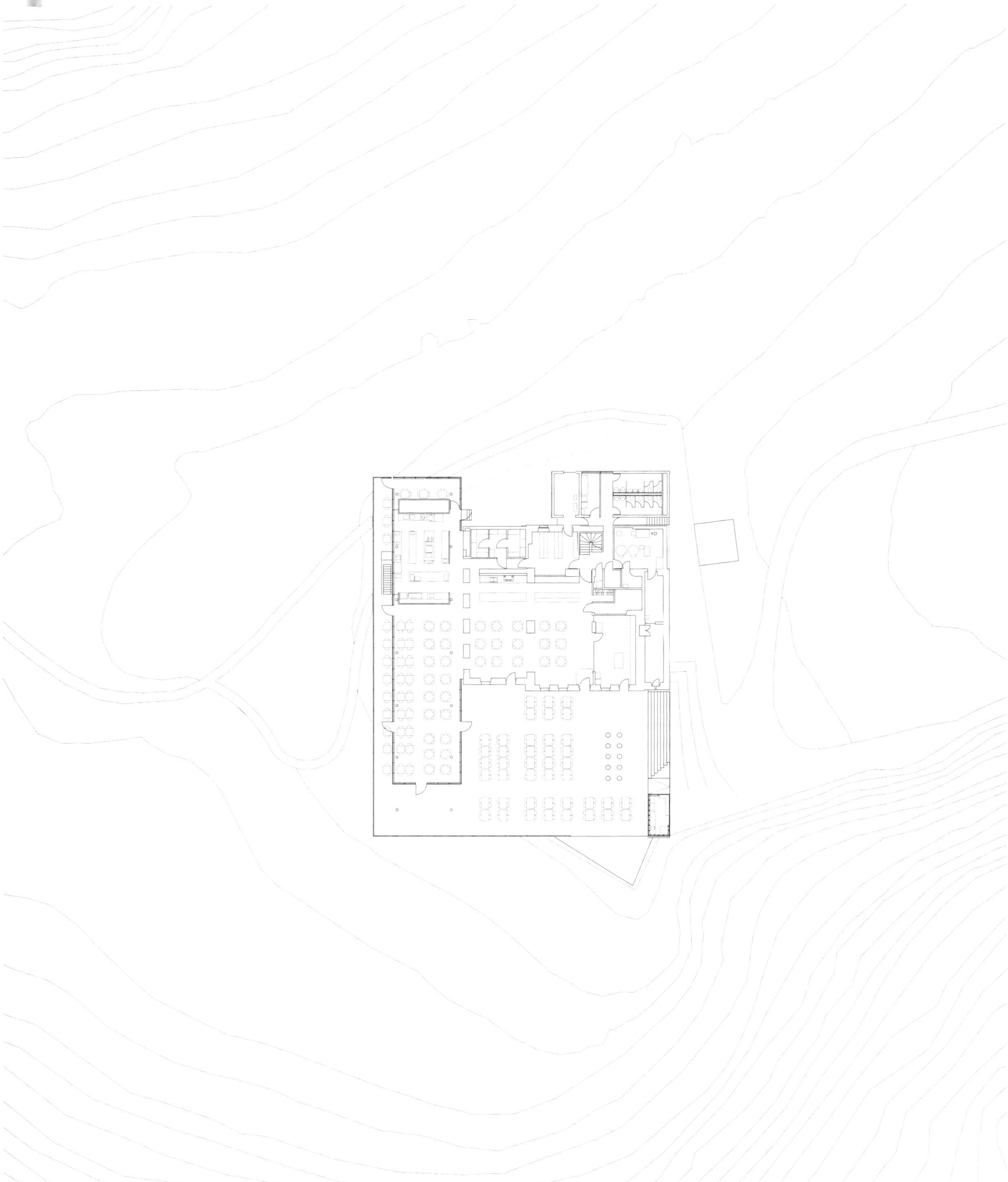

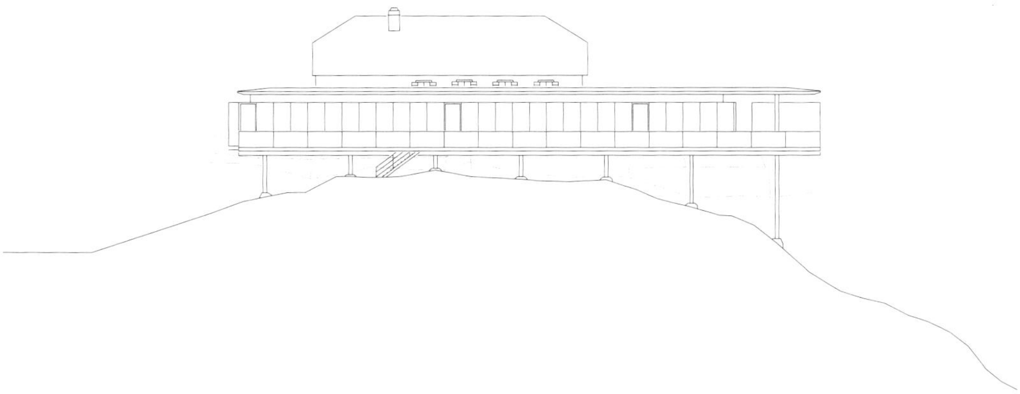

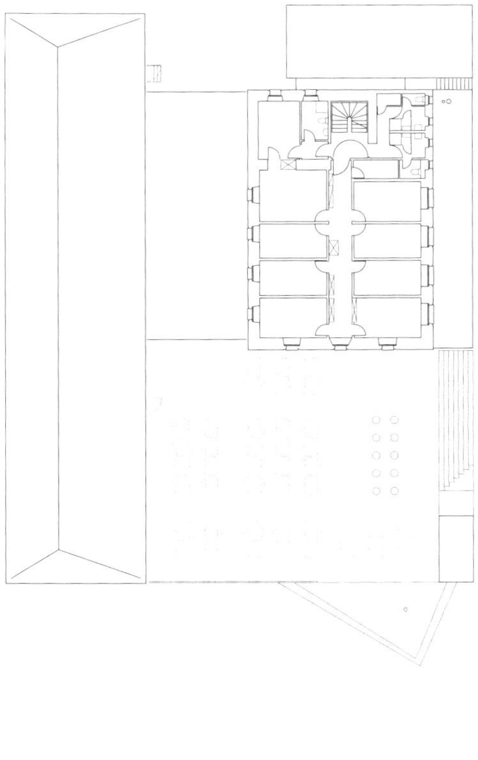

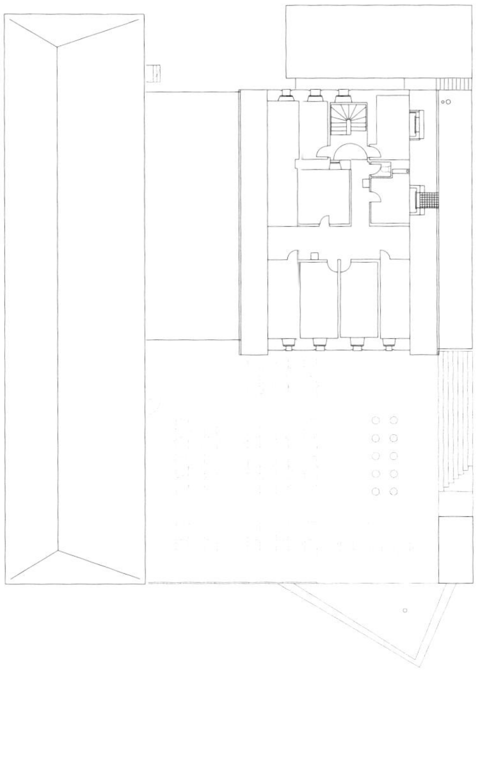

0
5
20

Am Hangfuss über der Schwemmlandebene des Flüsschens Kise setzt die Mühle aus dem späten 19. Jahrhundert einen baulichen Akzent. Wir haben sie nach denkmalpflegerischen Massgaben renoviert, teilweise rekonstruiert. Neben diesem ordentlichen Wohn- und Gewerbebau sind auf alten Fotos hölzerne Silos in Blockbauweise zu erkennen. Die Erinnerung an diese Kuben hat uns bewegt, der historischen Landmark drei Holzbauten zur Seite zu stellen: ein zweigeschossiges Reihenhaus, einen dreigeschossigen Bau mit Triplexwohnungen und verschränkten doppelgeschossigen Innenräumen sowie einen fünfgeschossigen Turm mit Geschosswohnungen über zwei alternierenden Grundrissen.

Die Neubauten sind in Elementbauweise konstruiert, die Fassaden sind mit einem durchlässigen Wetterschutz aus horizontalen Lamellen verkleidet. Durch ihre ausgeprägte Tiefe widerstehen diese Lamellen Wind und Wetter, ihre Horizontalität erzählt von den einstigen Silos. Abschnittsweise wandelt sich die Lamellenschicht zur Filterschicht, beispielsweise an den Brüstungen der Balkonnischen oder an den Bädern.

Mit ihren verwitterten Holzfassaden haben sich die drei Bauten der Atmosphäre der ländlichen Umgebung mit ihren Bauernhäusern, Ställen und Remisen angeglichen. Ihre Setzung und Höhenstaffelung trägt ebenfalls dazu bei, sie mit dem Dorfbild verwachsen zu lassen.

Die Idee der Durchlässigkeit prägt auch die Aussenräume. Diese fliessen durch drei offene Höfe. Private Freiflächen fehlen. Auf den mit dem Kies der Kise belegten Oberflächen ist die Nähe des Flüsschens zu spüren.

At the foot of the hillside above the alluvial plain of the small River Kise, the late 19th century mill sets the architectural tone. We renovated and partially reconstructed it following historical preservation guidelines. In old photos, next to this solid residential and commercial building, wooden silos made of logs can be seen. The memory of these box-forms inspired us to place three wooden buildings alongside the listed landmark: a two-floor row house, a three-floor triplex apartment building with interlocking two-level interiors, and a five-floor tower with single-level apartments on two alternating layouts.

The new buildings are made of prefabricated elements and the façades are clad in permeable weatherproofing consisting of horizontal lamellae. With their pronounced depth, the lamellae are exposed to the wind and weather; their horizontal arrangement recalls the former silos. In some areas the lamellae become a filter, for example on the parapets of the balconies or over the bathroom windows.

With their weathered wooden façades, the three buildings have adapted to the atmosphere of the rural surroundings with its farmhouses, stables and sheds. Their positioning and staggered heights also contribute to their merging with the village landscape.

The idea of permeability also characterises the exterior space, which flows across three open courtyards. Private open spaces at ground floor level have been left aside in favour of public spaces that enhance the sense of community. The nearby river is recalled in the gravel-covered surfaces consisting of pebbles from the Kise.

Mühleareal, 3671 Herbligen BE
Auftraggeber: Ammann Globalbau AG, 3652 Hilterfingen
Wettbewerb: 1. Rang, 2003
Projekt: 2003–2006
Ausführung: 2007–2009

Auszeichnungen: *best architects 11 award*, 2010

Mühleareal, 3671 Herbligen BE
Client: Ammann Globalbau AG, 3652 Hilterfingen
Competition: 1st Prize, 2003
Project: 2003–2006
Construction: 2007–2009

Awards: *best architects 11 award*, 2010

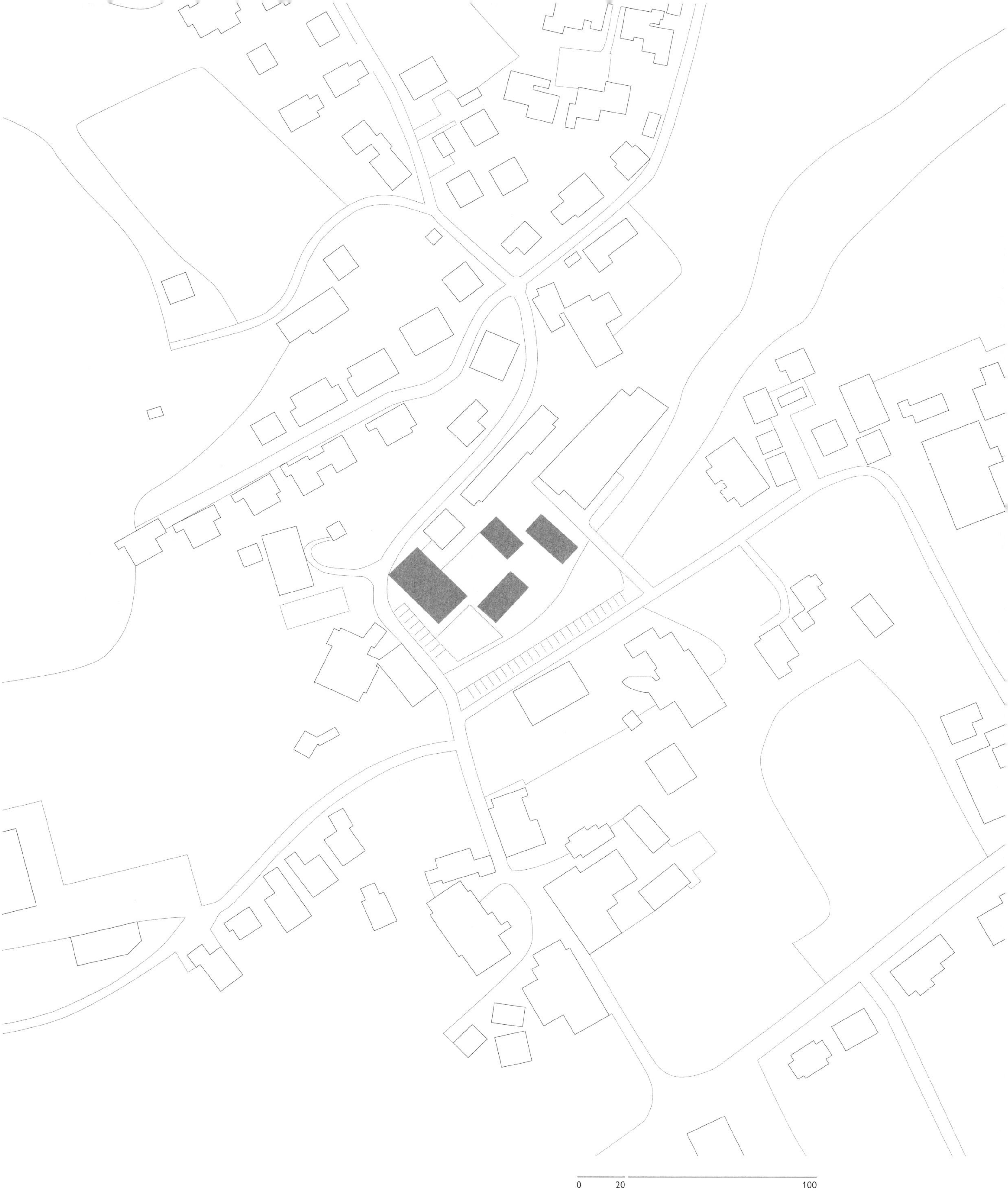
0
20
100

0 5 20

Die Verlegung des Besuchereingangs an die Bundesterrasse gab uns die Freiheit, alle nachfolgenden Eingriffe in der Logik des Gebäudes zu tätigen. Die benötigten Räume waren längst da: die Abgänge, die Orangerie und das Dachgeschoss, welches einst von Hans Wilhelm Auer als Reserve angelegt worden war.

Die Tragwerke mit ausbetonierten Stahlträgern und der brückenartige Stahlbau der Kuppel waren schon 1902 modern. Die Oberlichter, welche die Lünetten der Kuppelhalle belichten, haben wir zu den Glasdächern der neuen Fraktionssäle erweitert, indem wir die Betonfüllungen zwischen den Stahlträgern ausbrachen. Der Ausblick auf die riesigen Dachfiguren erleichtert nun auch innen die Orientierung. Die Erschliessung haben wir entlang der Lünetten angeordnet: Tagsüber belichten ihre Glasmalereien die Kuppelhalle, nachts säumen sie als Wand aus farbigem Licht die Korridore.

Auers vom Jugendstil durchdrungene Formensprache hat uns inspiriert – etwa an der Rückwand des Restaurants, in deren Changeant-Effekt das Grün der Aare und die ursprüngliche Idee eines Vorhanges nachhallen. Die Steinplatten in den Korridoren sind entsprechend einer aus dem Schweizerkreuz hergeleiteten Geometrie ausgelegt, das Parkett über der Galerie des Alpes orthogonal, so wird die Krümmung des Raumes spürbar.

Auers Absicht, jedem Raum ein individuelles Gesicht zu verleihen, haben wir aufgegriffen und alle nachträglichen Interventionen rückgängig gemacht. Diese grosse Arbeit beanspruchte aufgerechnet zwei Menschenleben. Das Projekt verkörpert exemplarisch unseren architektonischen Anspruch, der beim Städtebau ansetzt und beim Detail endet.

By relocating the visitors' entrance on the Bundesterrasse, we provided ourselves with the freedom to carry out all subsequent interventions within the logic of the existing building. The necessary rooms had always been there: the exits, the orangery and the attic, which had originally been created by Hans Wilhelm Auer as spare space.

The load-bearing structure, steel girders set in concrete and the bridge-like steel construction of the dome, were already modern in 1902. By removing the concrete infill between the steel girders, we extended the skylights that illuminate the lunettes of the domed hall, thereby creating the glass roofs of the new halls for the parliamentary groups. The sight of the large roof figures allows for easier orientation. We positioned the passageways along the lunettes: during the day, the glass paintings illuminate the domed hall, while at night, they line the corridors like walls of coloured light.

We were inspired by Auer's Art Nouveau-influenced formal vocabulary: an example is the back wall of the restaurant, which has a varying, silken appearance that echoes the green of the Aare and mimics the idea of a curtain. The stone slabs in the corridors are set in a geometry derived from the Swiss cross. The parquet flooring above the Galerie des Alpes is orthogonal, making the curved shape of the room perceptible.

We followed Auer's initial intention to give each room an individual identity and removed the trace of all the subsequent interventions. The project is exemplary of our architectural approach, which starts by addressing the issue of urban planning and ends with the design of every detail.

Bundesplatz, 3003 Bern
Auftraggeber: Eidgenössisches Finanzdepartement, Bundesamt für Bauten und Logistik BBL, Bern
Auswahlverfahren WTO: 2003
Projekt: 2004–2005
Ausführung: 2006–2008

Auszeichnungen: *Dr. Jost Hartmann Preis 2010*, Denkmalpflege der Stadt Bern; Nominierung *Tageslichtaward 2010*, Velux Stiftung; *Prix Lumière 2009*, 3. Platz, SLG – Schweizer Lichtgesellschaft
Kunst am Bau: Annaïk Pitteloud, «Konsens»

Bundesplatz, 3003 Bern
Client: Eidgenössisches Finanzdepartement, Bundesamt für Bauten und Logistik BBL, Bern
WTO selection process: 2003
Project: 2004–2005
Construction: 2006–2008

Awards: *Dr. Jost Hartmann Preis 2010*, Denkmalpflege der Stadt Bern; Nomination *Tageslicht-award 2010*, Velux Stiftung; *Prix Lumière 2009*, 3rd Prize, SLG – Schweizer Lichtgesellschaft
Art in architecture: Annaïk Pitteloud, "Konsens"

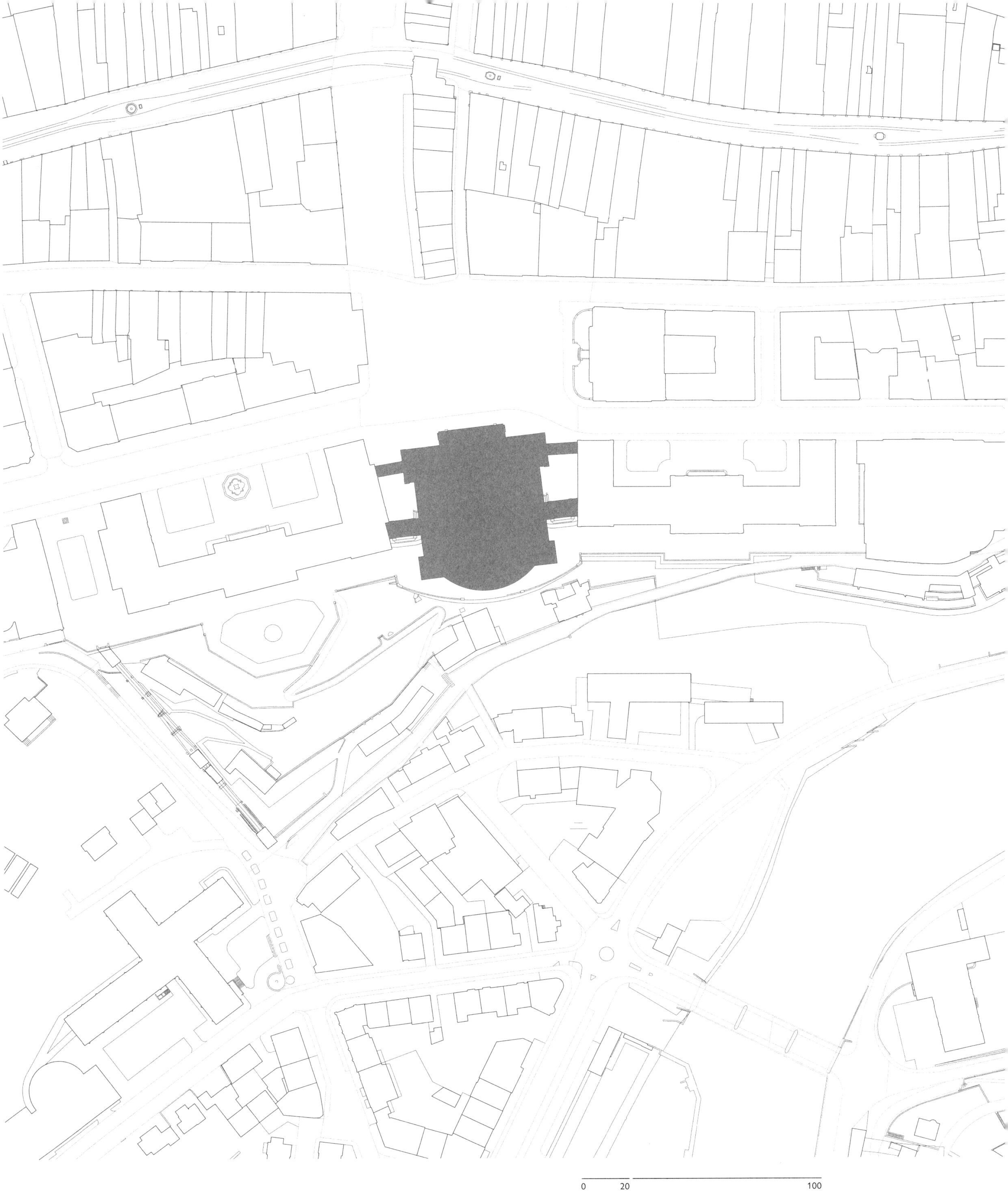
0
20
100

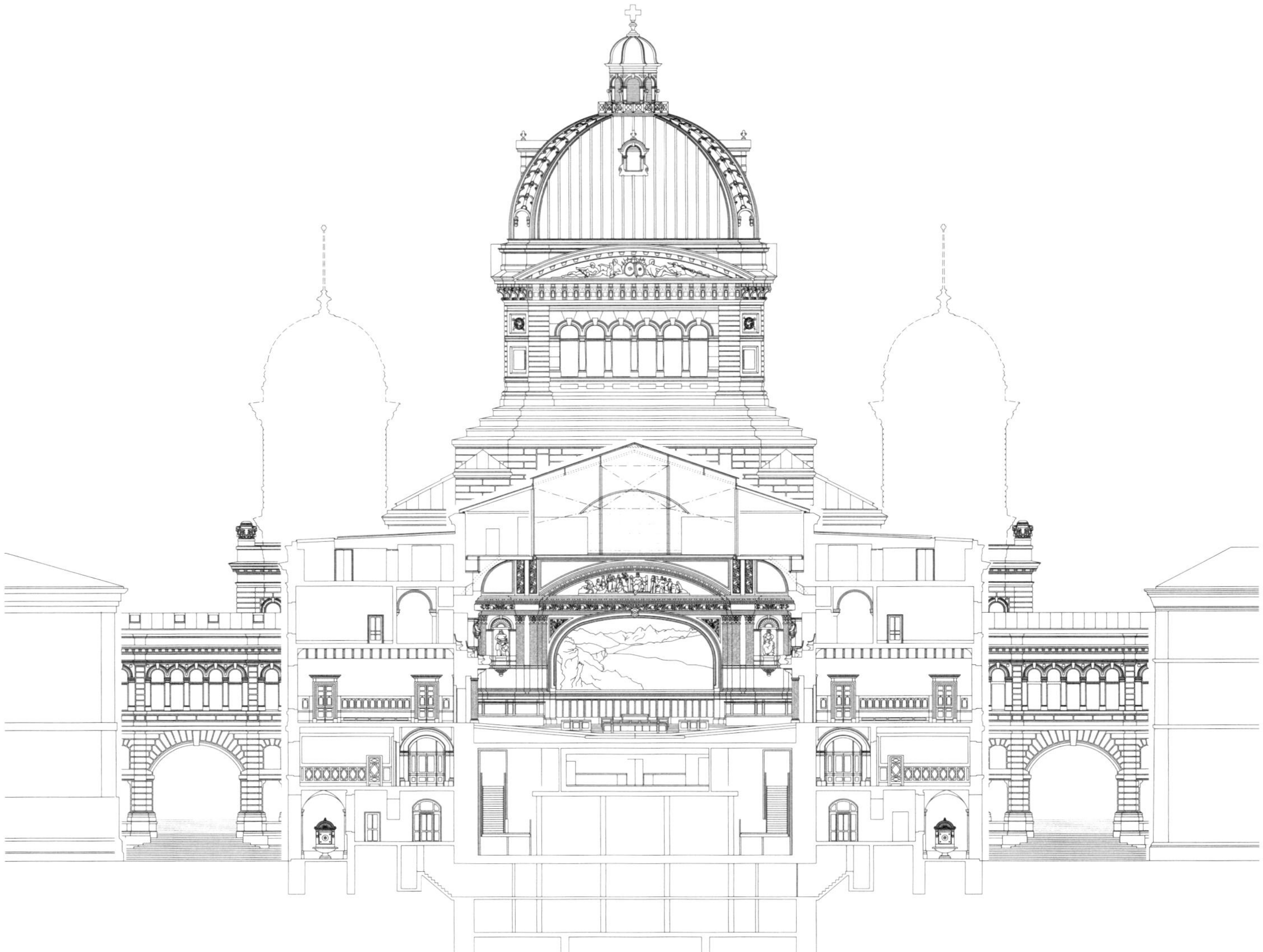

0 5 20

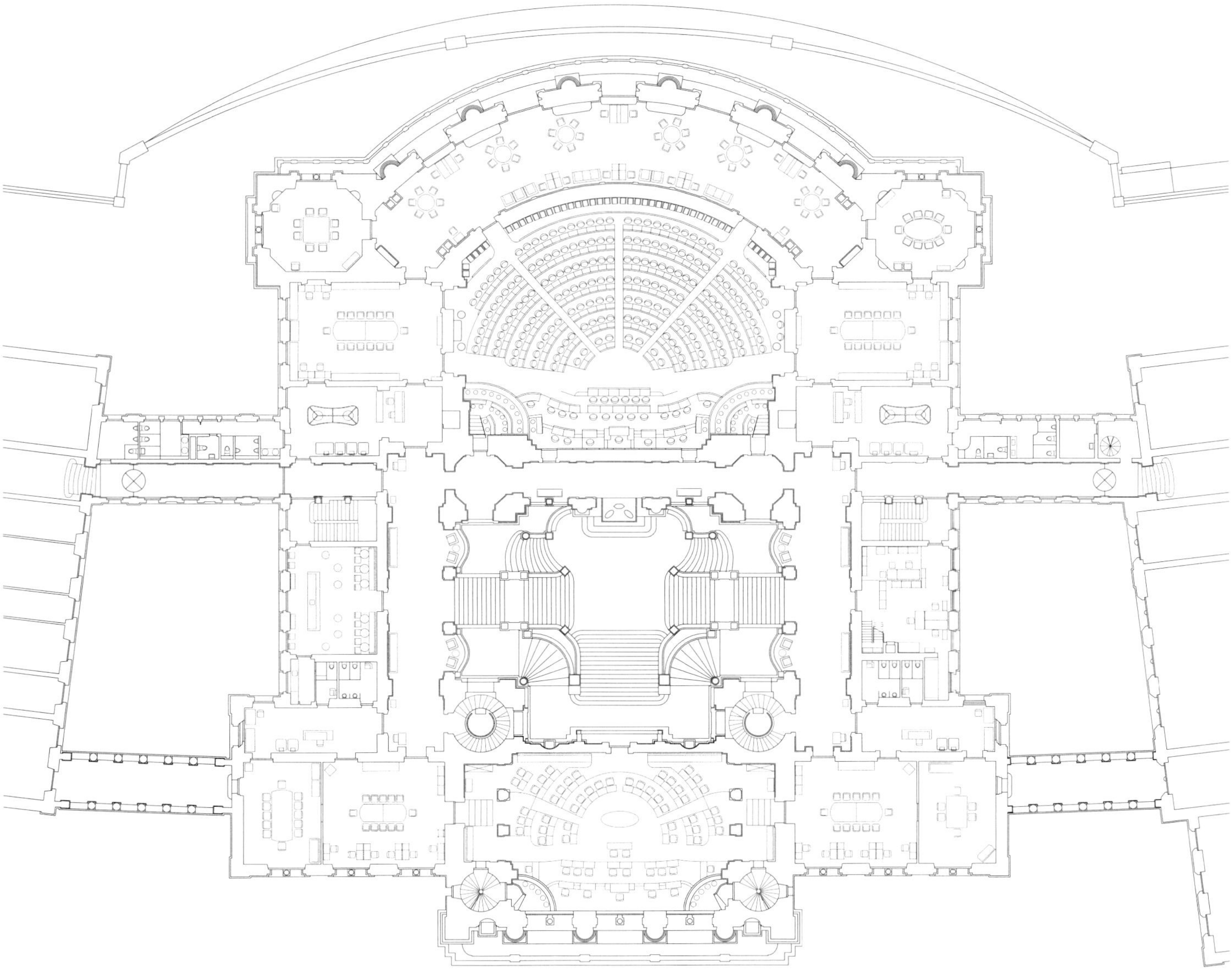

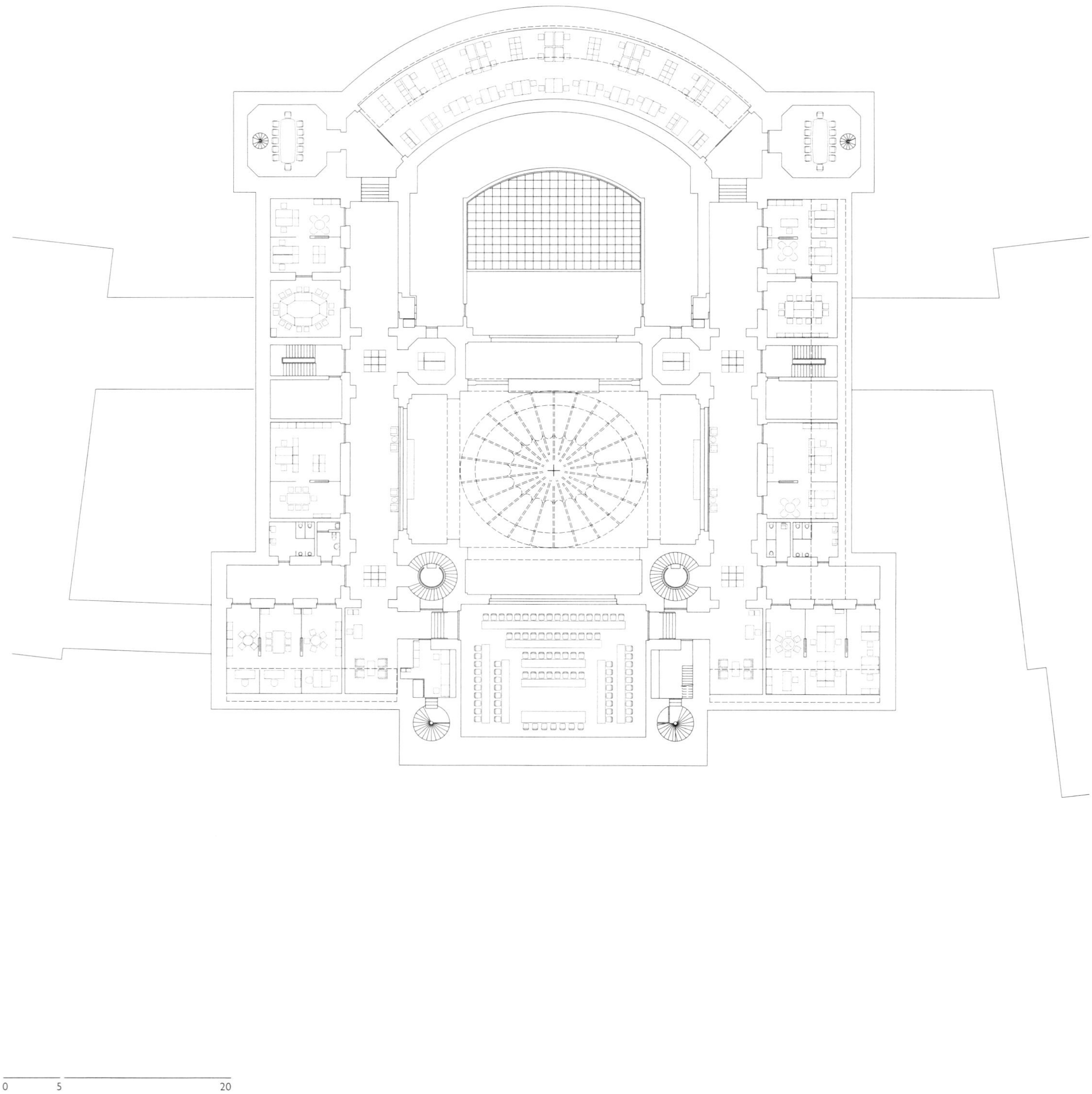
0
5
20

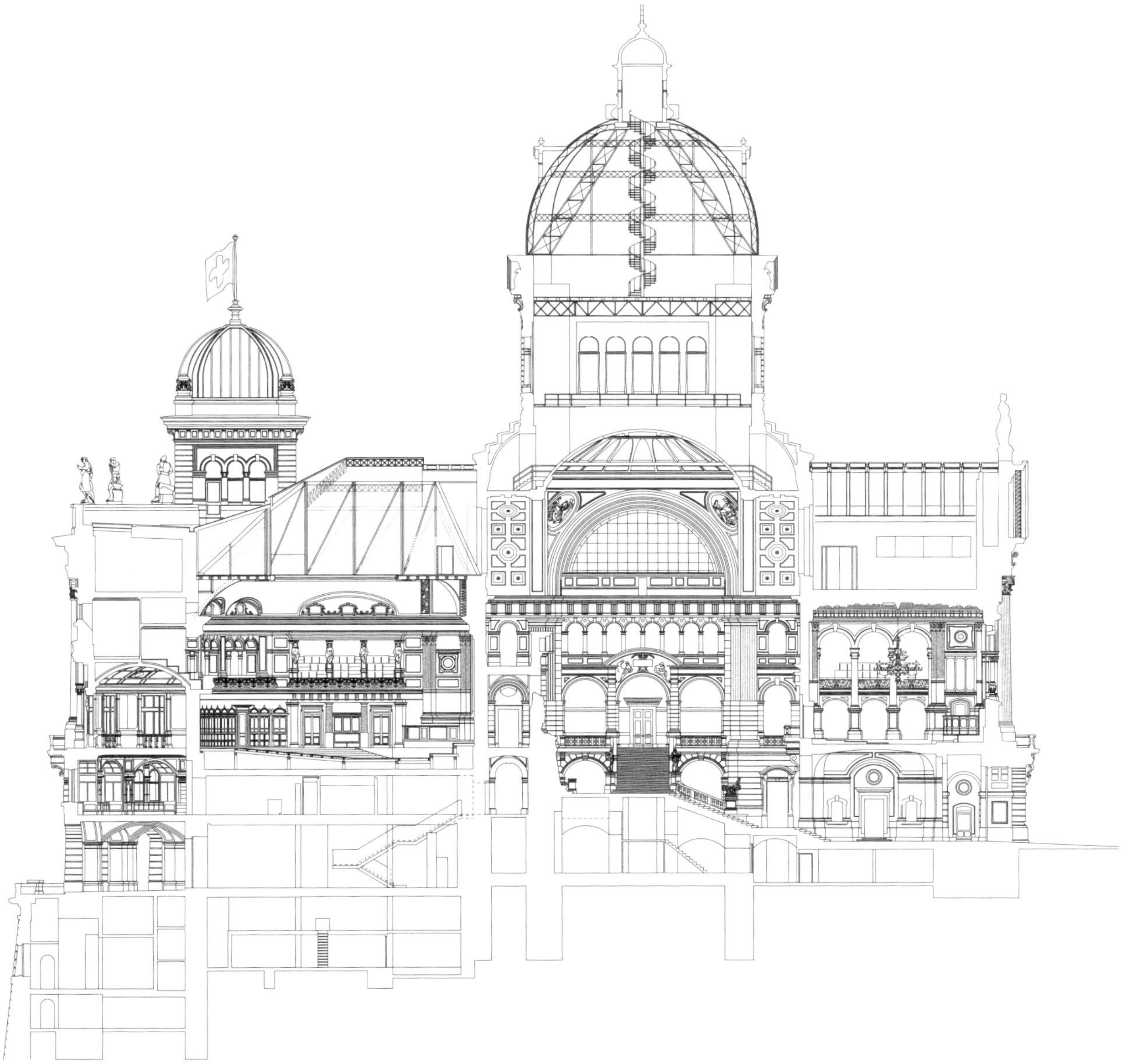

Eine Anlage aus den 1960er Jahren für mobilitätseingeschränkte Jugendliche mit Körperbehinderung zu ertüchtigen, ist eine Herausforderung. Die Struktur muss für die grossen Rollstühle hergerichtet werden, es braucht reichlich Abstellflächen, es sollen keine Unräume entstehen. Der wie eine Stadt mit Gassen, Plätzen etc. organisierte Grundriss kommt dem Bewegungsbedürfnis der Bewohnerinnen und Bewohner entgegen. Das Konzept: überall in der Anlage Kontakt nach draussen herzustellen, auch in den Korridoren.

Die Grundrissfigur des Altbaus bestand aus einem öffentlichen Verbindungsbau, der drei Fingerbauten zusammenfasste. Diesen Verbindungsbau haben wir durch einen eingeschossigen Neubau mit grösserem Fussabdruck ersetzt – darin strassenseitig die Schulzimmer, hofseitig eingeschoben die Sitzungsräume. Die Umrisse des Gebäudes folgen nun der Reichenbachstrasse.

Die zweigeschossigen Fingerbauten wurden für die Wohngruppen umgenutzt. An den Gelenkstellen vermitteln platzartige Vorzonen zwischen dem Verbindungsbau und den privaten Wohngruppen. Die Höfe haben wir neu angelegt, sie führen nun zu den Untergeschossen hinab. Hier öffnen sich die Aufenthaltsräume zum abfallenden Gelände, im oberen Geschoss zur Dachterrasse des Verbindungsbaus.

Die Lamellen an der Strasse sind unregelmässig gestellt, ihre Abstände aus Klängen eines Kinderliedes hergeleitet. Es entsteht eine Art Sehklang, der spielerisch die Lebenswelt der Jugendlichen nach aussen projiziert. Als das Heim fertig war, waren alle sehr glücklich, weil in diesem Haus viel passiert und das Leben draussen spürbar ist. Das Haus lebt wie eine Stadt.

Upgrading a facility built in the 1960s for young people with restricted mobility and physical disabilities was a special challenge. The structure had to be adapted to accommodate large wheelchairs, while generous storage areas were required and no space could be wasted. The floor plan, which is organised like a city with alleys and squares, is designed to meet the residents' special needs. The concept: encouraging contact with the outside world throughout the building.

The existing complex consisted of three individual wings linked by a public connecting building. We replaced the latter with a single-storey volume with a larger footprint – containing classrooms on the street side and meeting rooms on the courtyard side.

The two-floor wings were redesigned as residential areas. At the junction, square-like antechambers organise the transition between the connecting building and the living quarters. The courtyards between the wings have been re-landscaped and now descend to the basement level, which houses common rooms that open up to the sloping terrain. On the upper floor, they open onto the new building's roof terrace.

The irregular spacing of the vertical concrete blades along the street is derived from the rhythm of a well-known children's song. A kind of visual tone is created, which playfully projects the world of the young people to the outside world, making it more tangible.

Reichenbachstrasse 111, 3004 Bern
Auftraggeber: Stiftung Schulungs- und Wohnheime Rossfeld, Bern
Wettbewerb: 1. Rang, 2006
Projekt: 2006–2008
Ausführung: 2008–2010

Reichenbachstrasse 111, 3004 Bern
Client: Stiftung Schulungs- und Wohnheime Rossfeld, Bern
Competition: 1st Prize, 2006
Project: 2006–2008
Construction: 2008–2010

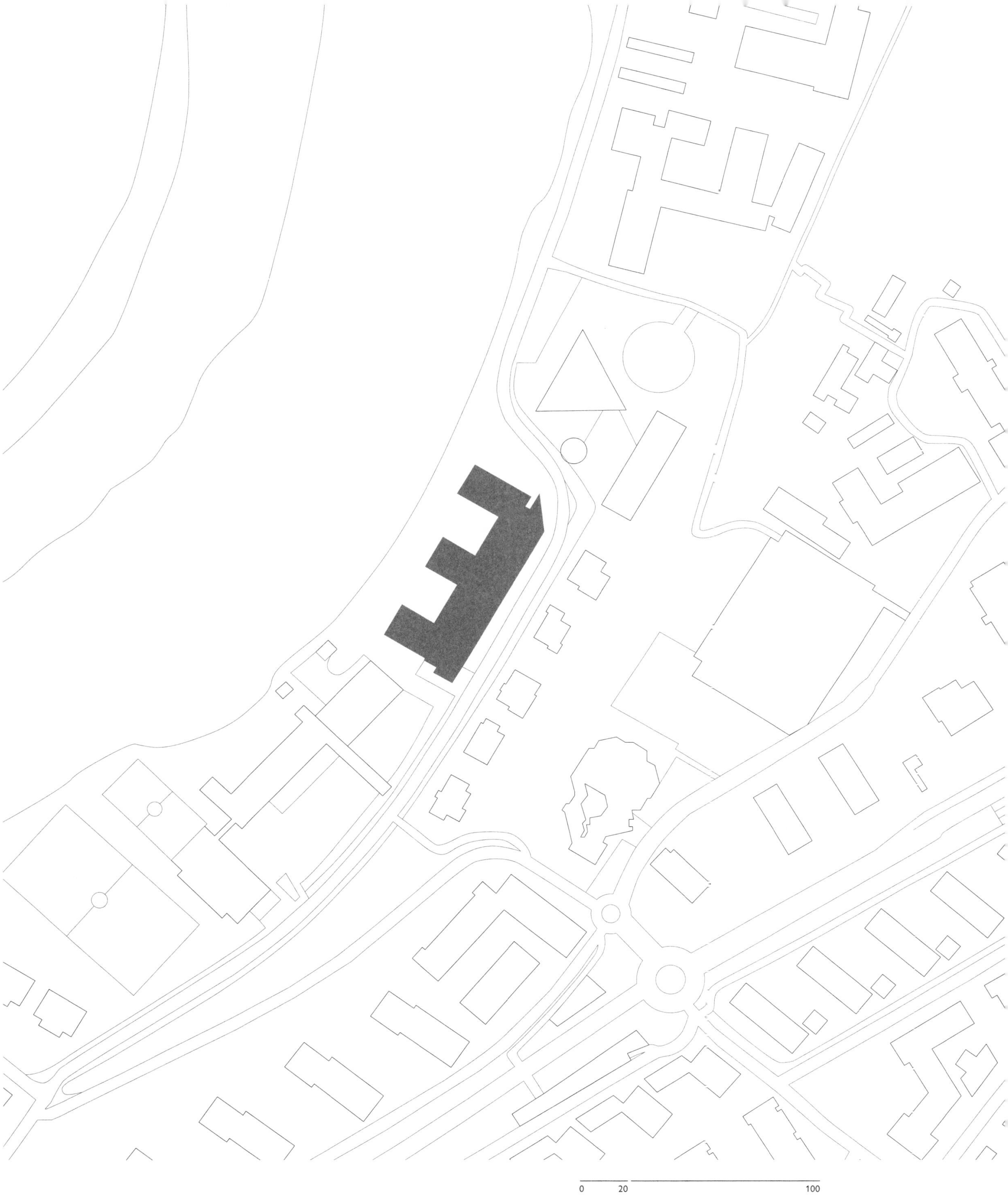
0
20
100

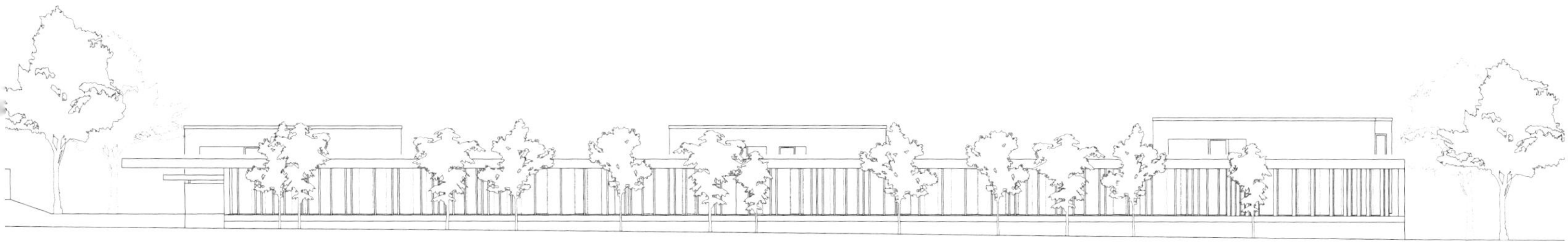

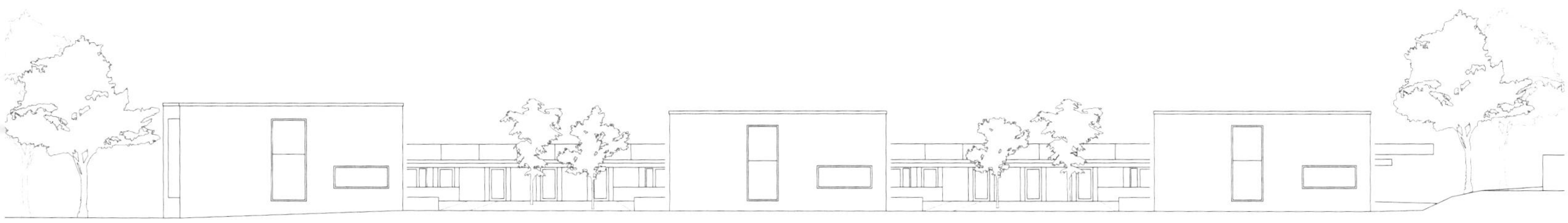

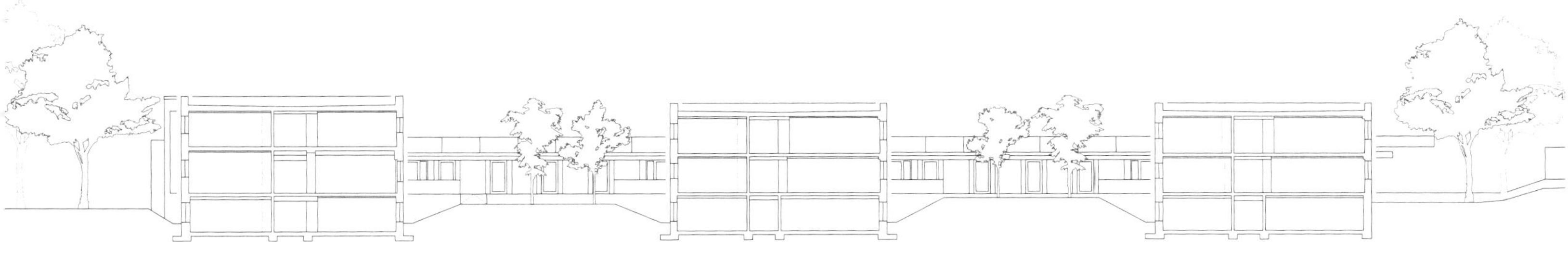

0 5 20

Die Überbauung liegt in der Parklandschaft oberhalb des Barockstädtchens Carouge. Zwei lange, parallele Gebäudevolumen fassen einen städtisch wirkenden Aussenraum mit Allee, wo auch die Hauseingänge liegen.

Die schmalen Vorsprünge der Geschossplatten und der Wechsel von offenen zu verglasten Fassadenabschnitten tragen zur Ruhe dieses Zwischenraums bei. An den der Parkumgebung zugewandten drei Seiten jedes Hauses kragen die Balkonplatten grosszügig aus. In den transparenten Glasbrüstungen spiegeln sich das Grün der Bäume und das Blau des Himmels. Die Balkontiefe erzeugt eine Filterwirkung zwischen Park und Wohnungen. Auch die Hochparterres besitzen fliegende Balkonplatten; auf diesem Element beruht der Solitärcharakter der Bauten im Park.

Die Häuser sind einfach konstruiert. Der mergelfarbig eingefärbte Beton der Fassadenelemente wächst gewissermassen aus dem Mergelton des Aussenraumbelages empor. Die verschobene Anordnung der Wandelemente akzentuiert im Kontrast zur Vertikalität der Bäume die Horizontalität der Geschosse. Die Wohnungen sind durchgestossen; sie profitieren von der Ausrichtung sowohl zum hofartigen Zwischenraum wie auch zur durchgrünten Umgebung. Mit den Z- oder C- förmigen Grundrissen wird die Verschränkung von Wohnungen und Aussenraum zusätzlich gesteigert. Schaltzimmer flexibilisieren das Wohnungsangebot.

Die Wohnbaupolitik der Stadt Genf verlangt von jedem privaten Bauvorhaben einen Anteil an gefördertem Wohnungsbau. Es ist uns gelungen, dies so umzusetzen, dass dieser Unterschied zwischen den beiden Standards nicht erkennbar ist.

The development is located in a park landscape above the Baroque town of Carouge. Two long, parallel volumes enclose an urban-like outdoor space with an allée, from which one accesses the buildings.

The thin projections of the floor slabs on all the façades facing the park and the change from an open to a glazed façade contribute to the tranquillity of the semi-public open space in between. The green of the trees and the blue of the sky are reflected in the glass balustrades. The depth of the balcony creates a filter effect between the park and the apartments. The raised ground floors also have projecting balcony slabs; it is this feature which gives these buildings their solitary character.

The construction is simple. The marl-coloured concrete of the façade elements seems to emerge from the marl clay of the exterior paving. The shifted configuration of the wall elements accentuates the horizontal nature of the floors, which contrast with the verticality of the trees. All the apartments offer views both towards the courtyard and towards their green surroundings. Z and C-shaped floor plans allow additional play between the apartments and the exterior space. Rooms that can be freely allocated to different units make the range of apartments more flexible.

Geneva's housing regulations require that all private construction projects include a proportion of subsidized housing. In order to mitigate the question of discrimination, the design operates a seamless and imperceptible implementation of the policy.

Chemin de la Grande-Pièce 1 à 3c,
1227 Carouge GE
Auftraggeber: CPEG – Caisse de prévoyance de l'État de Genève, früher: CIA – Caisse de prévoyance du personnel enseignant de l'instruction publique et des fonctionnaires de l'administration du canton de Genève
Wettbewerb: 1. Rang, 2007
Projekt: 2007–2009
Ausführung: 2009–2011

**Chemin de la Grande-Pièce 1 à 3c,
1227 Carouge GE
Client: CPEG – Caisse de prévoyance de l'État de Genève, formerly:
CIA – Caisse de prévoyance du personnel enseignant de l'instruction publique et des fonctionnaires de l'administration du canton de Genève
Competition: 1st Prize, 2007
Project: 2007–2009
Construction: 2009–2011**

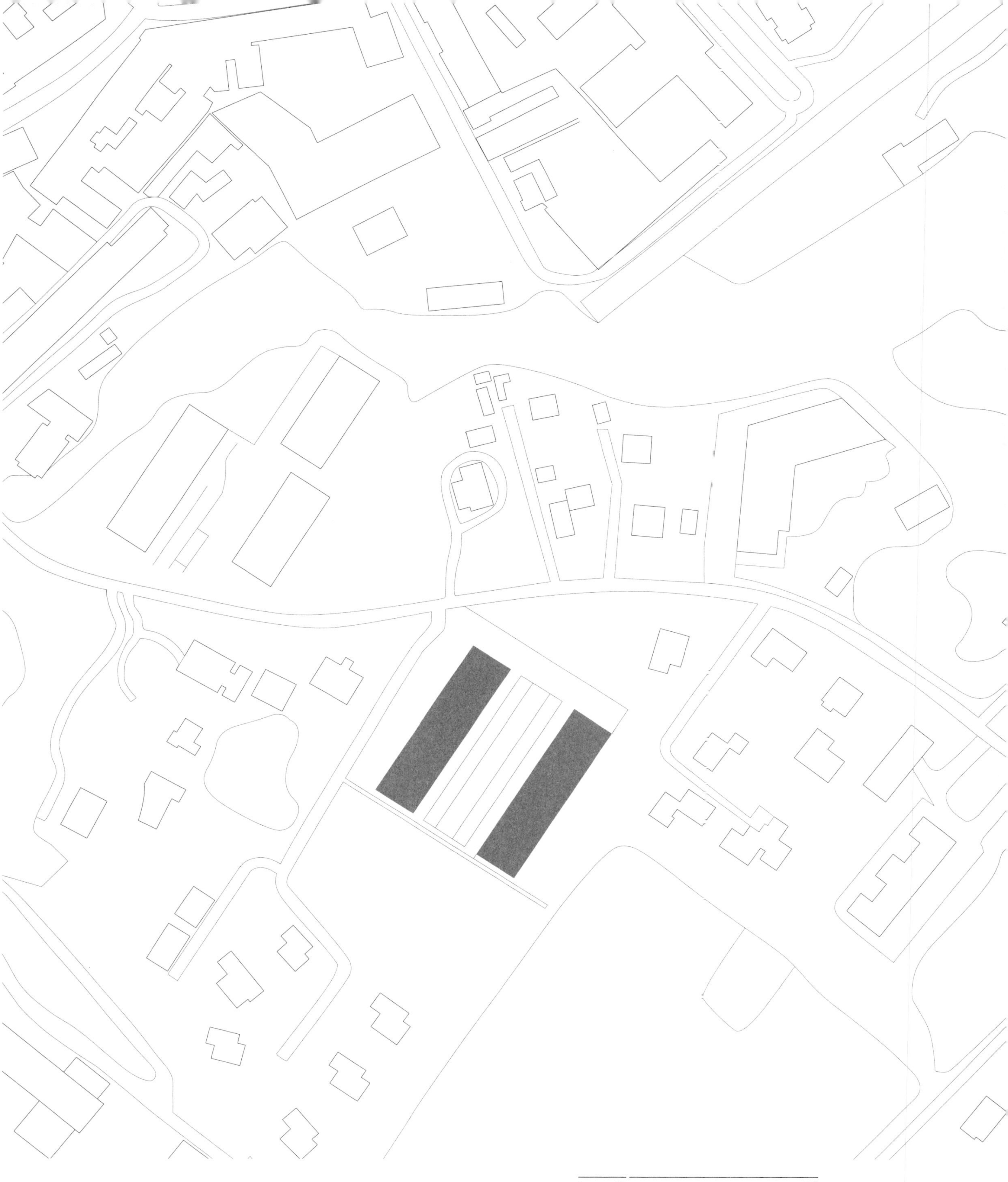
0
20
100

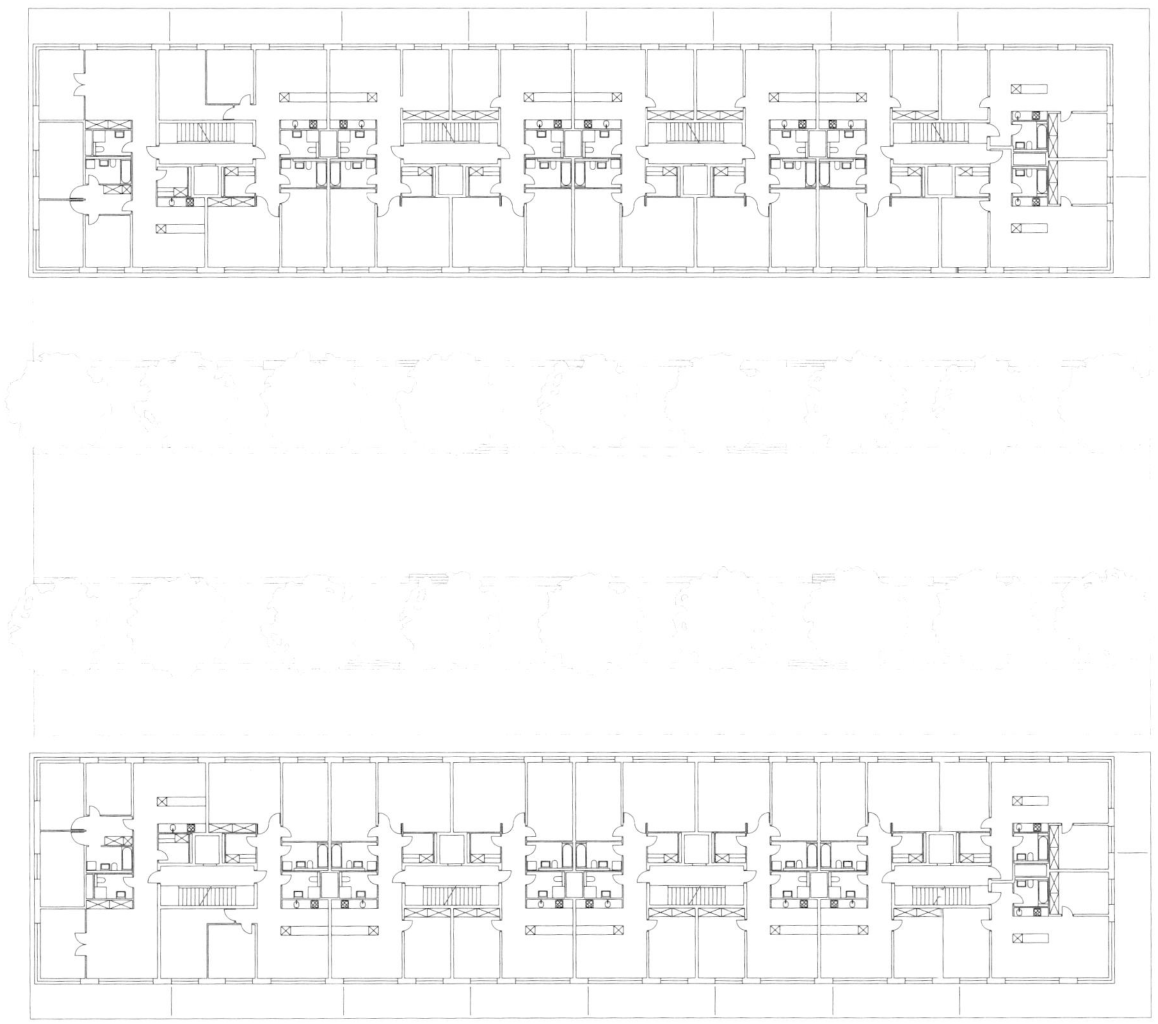

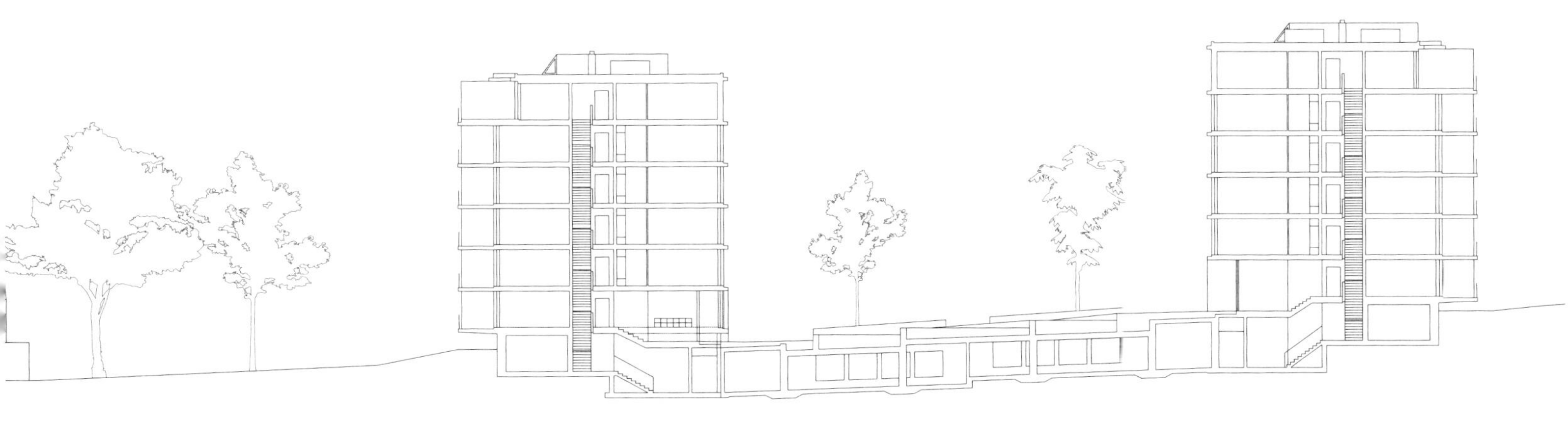

0 5 20

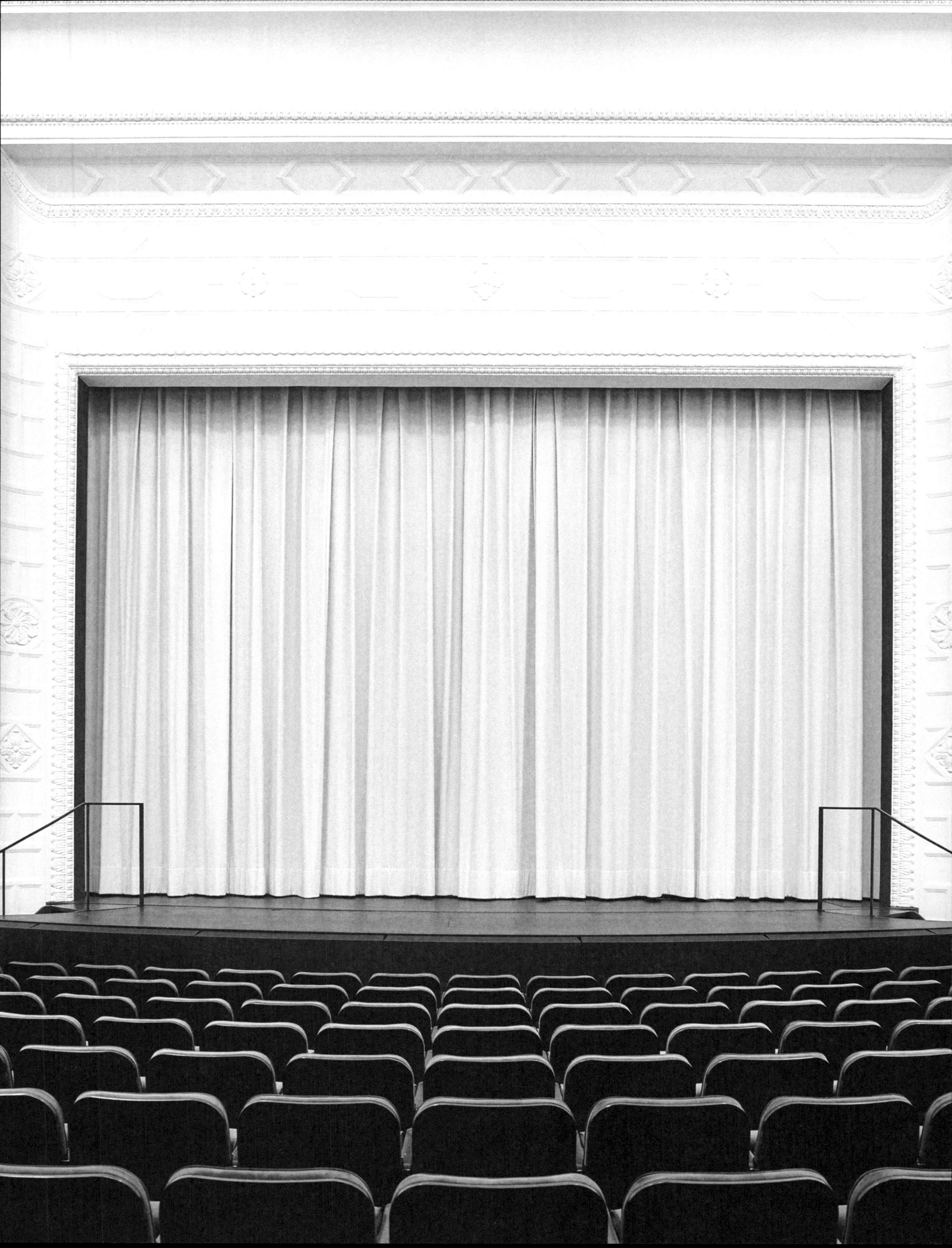

LANGENTHAL, STADTTHEATER

Der musik- und theaterbegeisterte Langenthaler Arnold Geiser war Stadtbaumeister von Zürich. Seiner Heimatstadt vermachte er einen erheblichen Geldbetrag mit der Auflage, ein Theater zu bauen. Für die Parzelle am Stadtrand entwarfen die Zuger Architekten Keiser Bracher im Wettbewerb 1909 einen Längsbau mit seitlichem Eingang.

Die Aufgabe lautete, den Eingang an die stadtauswärts liegende Schaufront zu verlegen. Wir begriffen dies als Chance, das Haus von seiner ortstypischen Hochtrottoirlage auf die Stadtebene hinunter, gewissermassen zu den Leuten zu bringen. Der neue Splitlevel erschliesst aufwärts das Foyer, abwärts die Garderobe und den kleinen Saal. Die Tempelfront der neuen Eingangsfassade steht nun auf wuchtigen Postamenten.

Der der Sezession nahestehende Bau zelebriert wertvolle Materialität. Seinen gestockten Beton haben wir mit weissem, glattem Beton in marmorartiger Veredelung ergänzt. Mit taloschierter, geschliffener Oberseite und glatt geschalter Unterseite wirkt die Monobetonplatte am Übergang zum alten Treppenhaus nobel und schwer.

Recherchen erlaubten uns, den Theatersaal in kalten und warmen Weisstönen auf seine ursprüngliche Farbatmosphäre zurückzuführen. Zum originalen Schwarz des Linoleumbodens haben wir dunkle Holzmöbel mit petrolfarbenen Polstern hinzugefügt. Ein weisser Vorhang vollendet das festliche Ensemble.

Zur schwarz-rot gestrichenen kleinen Bühne im Untergeschoss führt ein Korridor mit sich perspektivisch weitenden Wänden aus Rohgips, so dass das Eintreten hier viel unmittelbarer anmutet als das Verlassen – dieser Ort nimmt die Menschen in jeder Hinsicht gefangen.

LANGENTHAL, CITY THEATRE

Arnold Geiser, a music and theatre enthusiast from Langenthal served as Zurich's city architect. He entrusted a considerable part of his estate to his home town on the condition that a theatre be built. In the 1909 competition, the Zug architects Keiser Bracher designed a longitudinal building with a side entrance for a site on the outskirts of the city.

Our objective was to relocate the entrance on the prominent façade facing out of town. We saw this as an opportunity to bring the theatre from its raised pavement level down to the city level, to the people, so to speak. The new split-level entrance connects upwards to the foyer and downwards to the cloakroom and a small hall. The temple front of the new entrance façade now stands on a heavy pedestal.

The building, reminiscent in its style to Vienna secession architecture, celebrates precious materials. We complemented its bush-hammered concrete with smooth, white concrete, creating a marble-like finish. With a power-trowelled, polished upper side and a smooth underside, the single concrete slab at the junction with the old staircase appears noble and heavy.

Patient research enabled us to return the theatre hall to its original colour scheme of cold and warm white tones. We added dark wooden furniture with petroleum-coloured upholstery to the original black of the linoleum floor. A white curtain completes the festive ensemble.

A corridor with perspectively widening walls made of raw plaster leads to the small, black and red painted stage in the basement. This turns entering the space into a more direct experience than exiting it – reinforcing it as a place that captivates people in every sense.

Aarwangenstrasse 8, 4900 Langenthal BE
Auftraggeber: Stadt Langenthal, vertreten durch: Stadtbauamt Langenthal, 4900 Langenthal BE
Wettbewerb: 1. Rang, 2012
Projekt: 2012–2015
Ausführung: 2016–2017

Auszeichnungen: *best architects 19 award*, Innenausbau, 2018; *German Design Award 2020*, Excellent Architecture
Kunst am Bau: Adrian Scheidegger mit Pedro Lenz und Valerio Moser

Aarwangenstrasse 8, 4900 Langenthal BE
Client: City of Langenthal, represented by: Stadtbauamt Langenthal, 4900 Langenthal BE
Competition: 1st Prize, 2012
Project: 2012–2015
Construction: 2016–2017

Awards: *best architects 19 award*, interior work, 2018; *German Design Award 2020*, Excellent Architecture
Art in architecture: Adrian Scheidegger with Pedro Lenz and Valerio Moser

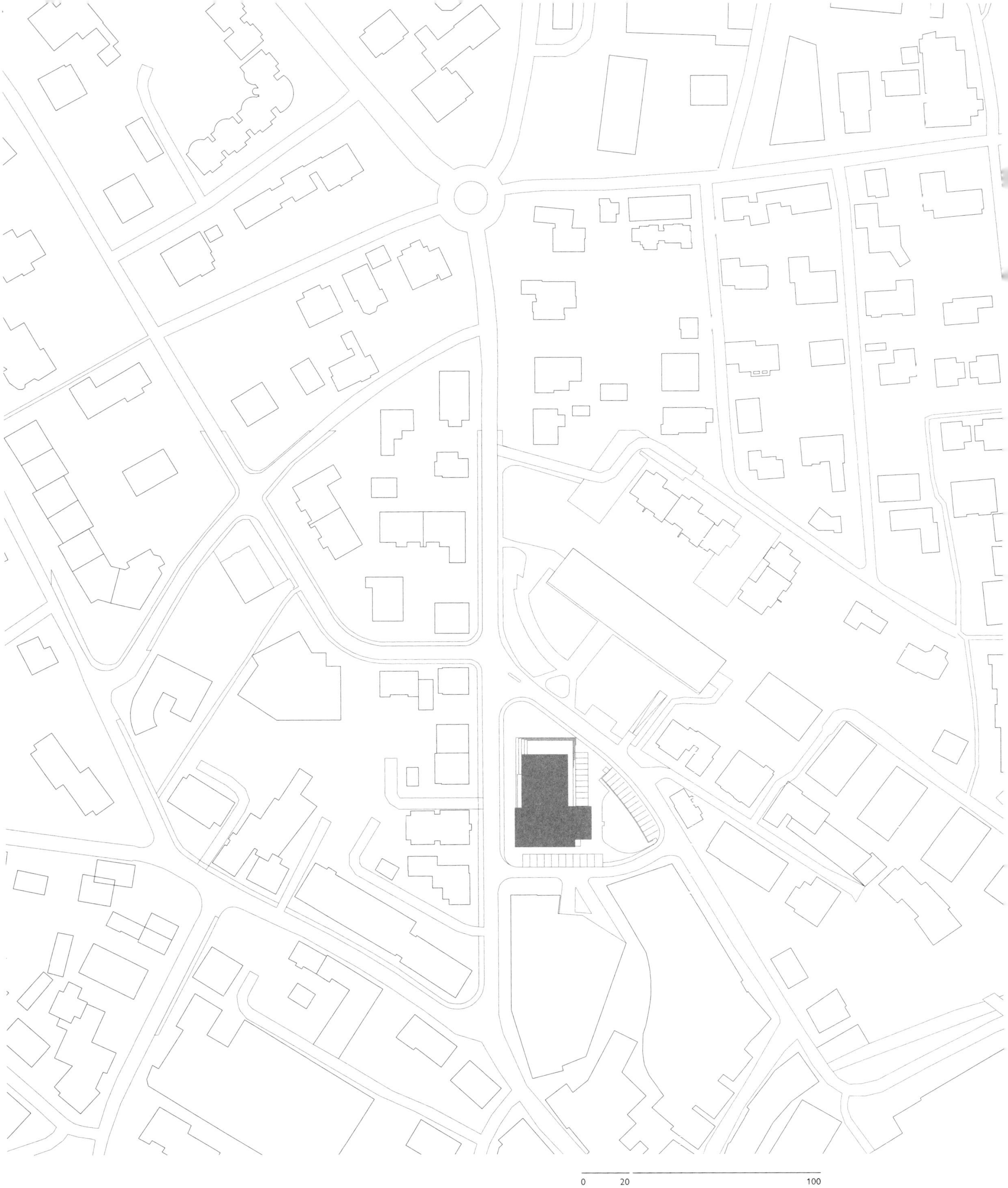
0
20
100

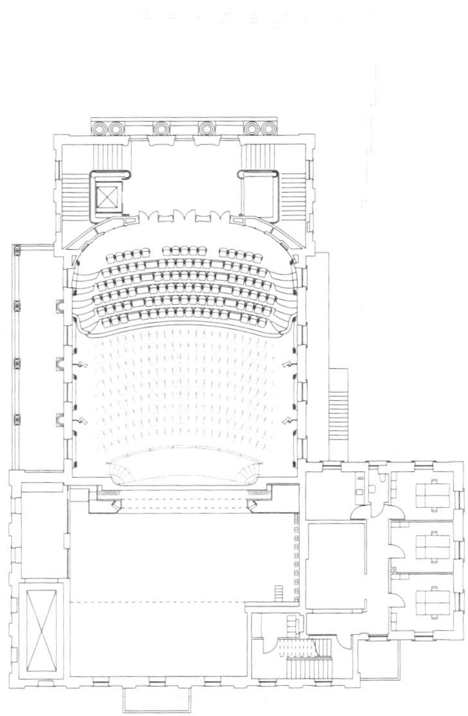

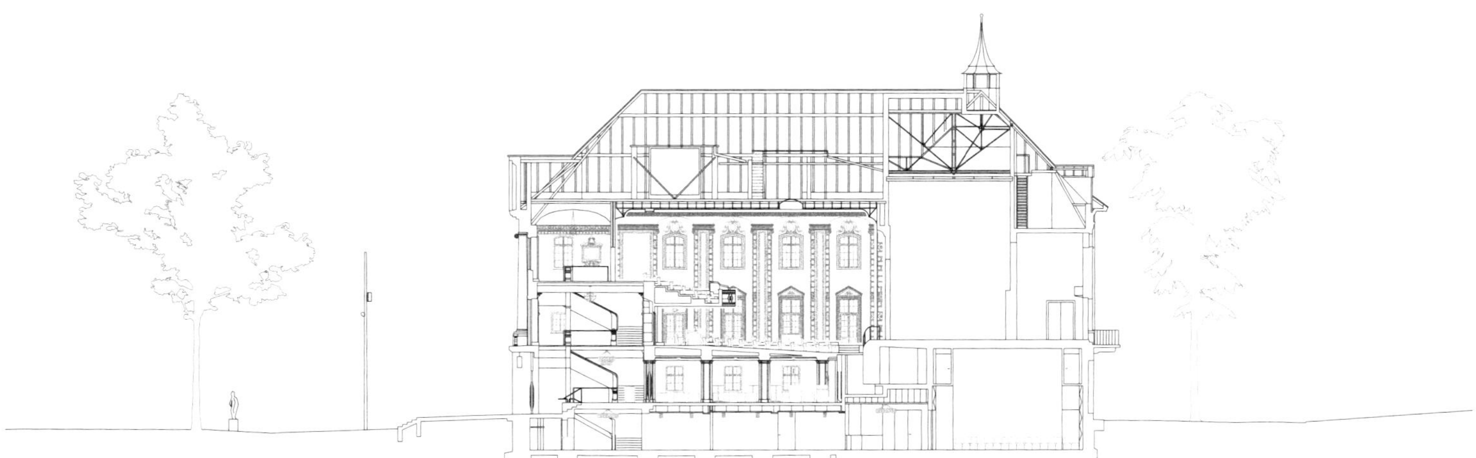

0 5 20

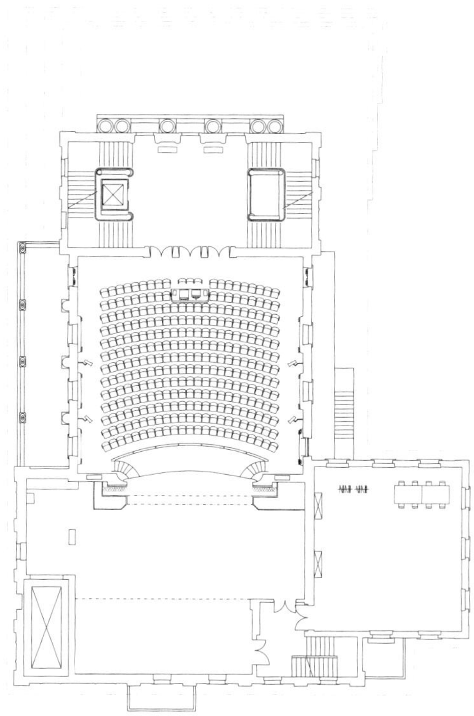

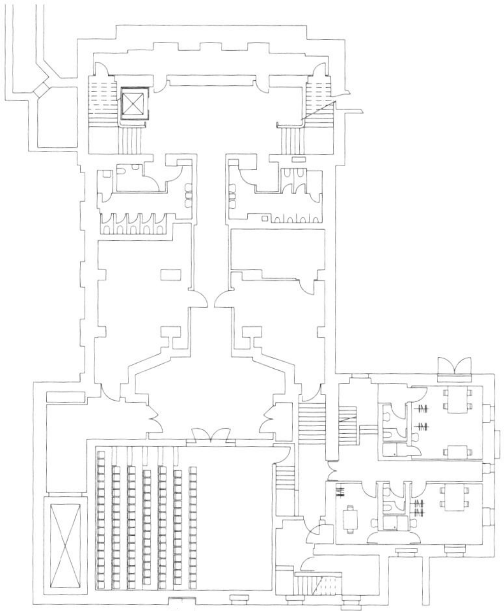

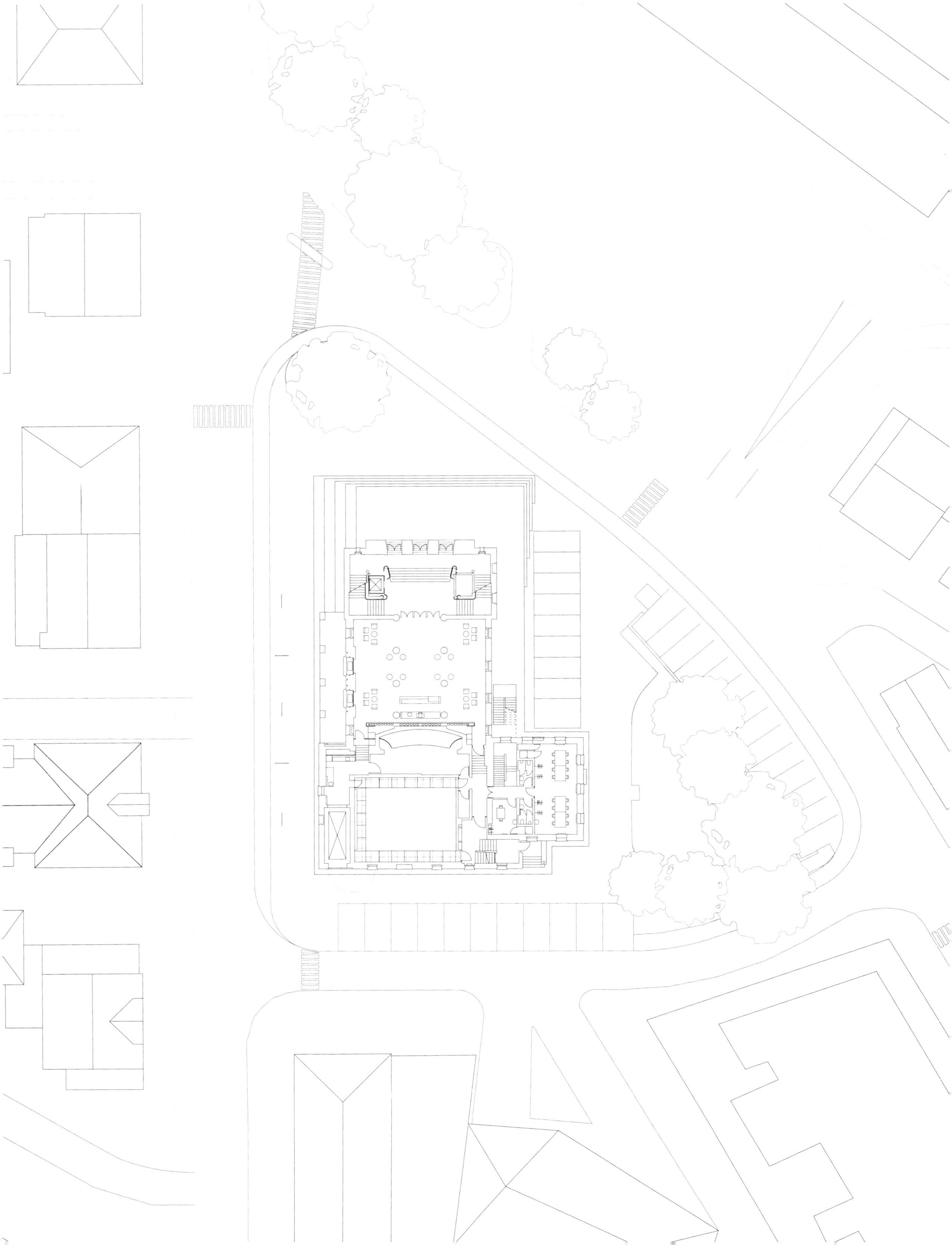

0 5 20

Im Wettbewerb hatten wir den Mut, keinen Anbau, sondern einen freistehenden Längsbau in der Quartierkörnung vorzuschlagen. Wir haben ihn auf Stützen in eine Senke gestellt – das Überbleibsel eines alten Stadtbachabschnitts, wo sich zuweilen Wasser staut. Dort schwebt das Haus nun wie ein am Aarehang angeschwemmtes Floss. Diese Setzung erzeugt vielfältige städtebauliche Bezüge, die Torsituation und den platzartigen Auftakt zum Quartier beispielsweise oder den Blick auf Aare und Aarehang.

Die Muralität des Bestandsbaus haben wir mit neuen Kunststeingewänden wiederhergestellt. Im geöffneten Erdgeschoss des alten Schlaftrakts begrüssen Rezeption und Bar nun Gäste und Quartierbewohner. Im Speisesaal löst sich die Struktur des Massivbaus in ein Raster auf. Dieses hat uns zum Stabwerk mit hölzernen Füllungen des Neubaus inspiriert.

Der Neubau wird, wie im Quartier üblich, über eine offene Laube betreten. Die Gäste steigen gleichsam in die Krone der grossen, hofbeherrschenden Platane hinauf. Die Zimmer sind geschossweise abwechselnd zum Fluss oder zur Altstadt orientiert. Fünf Farben in den Sanitärzellen sind auf jedem Geschoss und in jedem Zimmer anders angeordnet. So ist in dem auf den ersten Blick durchgetakteten, rationalen Haus alles ein bisschen verrutscht wie Koffer, die bei schwerem Seegang durcheinandergeraten sind.

Die Berner Jugendherberge ist zwar nur ein kleines Projekt, aber wir haben sie für die ganze Welt gebaut. Hoffentlich hat unsere Freude, für kommunikative Menschen aus verschiedenen Kulturen zu bauen, zur emotionalen Qualität des Ortes beigetragen.

Rather than building an extension, we had the idea of submitting for the competition a free-standing longitudinal building in scale with the neighbourhood. We placed it on stilts in a basin – a remnant of an old city stream that occasionally fills with water. The building floats like a raft washed up on the banks of the Aare. This arrangement creates a variety of urban references, such as a gate forming a square-like prelude to the neighbourhood, for example, or the prospect of the Aare and its banks.

We restored the wall-like character of the existing building with new artificial stone cladding. The reception and bar now welcome guests and residents in the opened ground floor of the old dormitory wing. In the dining room, the solid concrete construction dissolves into a grid. This was the inspiration for the new building's frame construction and wooden panels.

The new building is accessed via a pergola, as is typical with many houses nearby. The guests climb practically within the branches of the large plane tree that dominates the courtyard. The rooms alternate by floor to face either the river or the old town. The five colours applied to the bathrooms are distributed differently on each floor and in each room. Thus, in what at first glance appears to be a rational building, everything has shifted a little.

The Berner Jugi is a small project, but it was designed with the world in mind. The hope is that our pleasure in building for people from different cultures, who like communicating, has contributed to the emotional quality of the place.

Weihergasse 4, 3005 Bern
Auftraggeber: Schweizerische Stiftung für Sozialtourismus (SSST), 8042 Zürich
Wettbewerb: 1. Rang, 2013
Projekt: 2013–2016
Ausführung: 2016–2018

Auszeichnungen: *best architects 19 award*, Gewerbe- & Industriebauten, 2018; *swiss architects*, 48/2018, Bau der Woche, Quartierqualität

Weihergasse 4, 3005 Bern
Client: Schweizerische Stiftung für Sozialtourismus (SSST), 8042 Zurich
Competition: 1st Prize, 2013
Project: 2013–2016
Construction: 2016–2018

Awards: *best architects 19 award*, commercial and industrial buildings, 2018; *swiss architects*, 48/2018, Bau der Woche, Quartierqualität

0
20
100

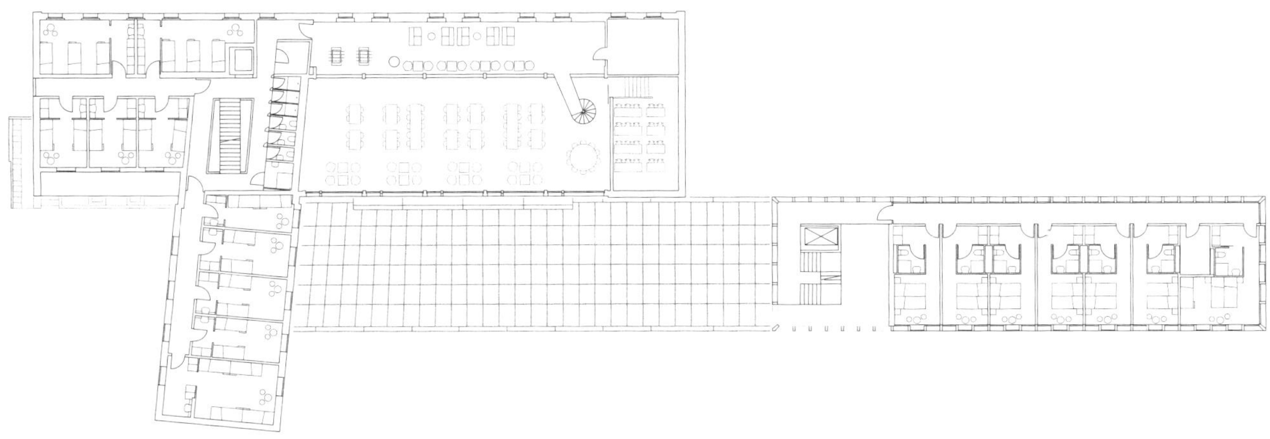

0 5 20

30

OBERHOFEN, WOHNÜBERBAUUNG WENDELSEE

OBERHOFEN, WENDELSEE NEW HOUSING

Die Böschungsmauer, die abgetreppte, sanft in die Topographie gebettete Gesamtform, der Terrassencharakter gehen aus der Lektüre des Ortes hervor. Mit ihren bugartig zulaufenden, abgetreppten Balkonplatten erinnert die Wohnbebauung aber auch an einen Dampfer, der am Delta des Riderbaches zwischen Schloss und alter Badi angelegt hat.

Strassenseitig führen drei unterschiedliche Stege in drei Ankunftshöfe. Hier, zwischen Böschungsmauer und Haus, nehmen Rankgerüste und das lebendige Fassadenbild des geschlämmten Sichtbacksteins Motive des lokalen Schlosses und Wichterheerguts auf.

Das Haus empfängt seine Gäste mit Präzision und Feinheit. Den Übergang filtern unbeheizte Treppenhäuser mit Termoluxverglasung. Die Wohnungen geniessen höchste Privatheit – nicht im Widerspruch zur seeseitigen Vollverglasung und Loggia mit grandiosem Panorama. Zum hohen Standard der durchgehenden Wohnbereiche gehört das vorgelagerte Cheminée, die Küche mit Blick zum Eingang, ein tiefes, holzgefasstes Fenster am Essplatz, der Blick von der Badewanne auf den See.

Dem architektonischen Anspruch entspricht eine hochwertige Materialisierung: Decken und Wände in Sichtbeton, die grossen Schiebefenster mit zierlichen, hochglanzvernickelten Rahmen, Leinenvorhänge, Holzböden aus Wenge, aussen Bambus, in den Bädern eine eigens entwickelte Kombination von Badewanne und Dusche aus Corian.

Auf den gekiesten Terrassen des Vorlandes spriessen alte Rebstöcke und Rebbergpflanzen, die Umfassungsmauer wird von einer Blutbuchenhecke gesäumt, auf den Dächern wuchern fünf Arten von Thymian.

The retaining wall, the stepped form carefully embedded in the topography and the building's terrace-like character are all derived from an analysis of the site. With its bow-like, stepped balcony slabs, the residential complex is reminiscent of a steamship moored at the delta of the Riderbach, between the castle and the old bathing facility.

From the road, three separate footbridges lead to three access courts. There, between the wall retaining the road and the building, trellises and an animated façade made of slurry-washed exposed brick reference motifs from the nearby castle and the Wichterheergut.

The building welcomes its visitors with precision and delicacy. Enclosed exterior staircases with Termolux glazing create the transition between the public and private spheres. The apartments balance the highest level of privacy and fully glazed façades on the lake side and the loggia with its breathtaking panorama. The high standard of the open-plan living areas includes an open fireplace, a kitchen with a view of the entrance, a wooden-framed window in the dining area and views of the lake from the bathtub.

The architectural requirements are met with high-quality materials: ceilings and walls in exposed concrete, large sliding windows with slim, polished nickel-plated frames, linen curtains and wooden floors: wenge inside and bamboo outside. The bathrooms are fitted with a combined Corian bathtub and shower.

Old vines and vineyard plants punctuate the gravelled terraces of the forecourt. A copper beech hedge runs along the perimeter wall. The roofs are planted with five essences of thyme.

Staatsstrasse 26–30,
3653 Oberhofen am Thunersee BE
Auftraggeber: Gemeindeverwaltung
3653 Oberhofen am Thunersee BE /
apri ag, 6340 Baar ZG
Wettbewerb: 1. Rang, 2006
Projekt: 2006
Baueingabe: 2013–2014
Ausführung: 2013–2017

Kunst am Bau: Adrian Scheidegger und Alexander Jaquemet

Staatsstrasse 26–30,
3653 Oberhofen am Thunersee BE
Client: Gemeindeverwaltung
3653 Oberhofen am Thunersee BE /
apri ag, 6340 Baar ZG
Competition: 1st Prize, 2006
Project: 2006
Planning application: 2013–2014
Construction: 2013–2017

Art in architecture: Adrian Scheidegger and Alexander Jaquemet

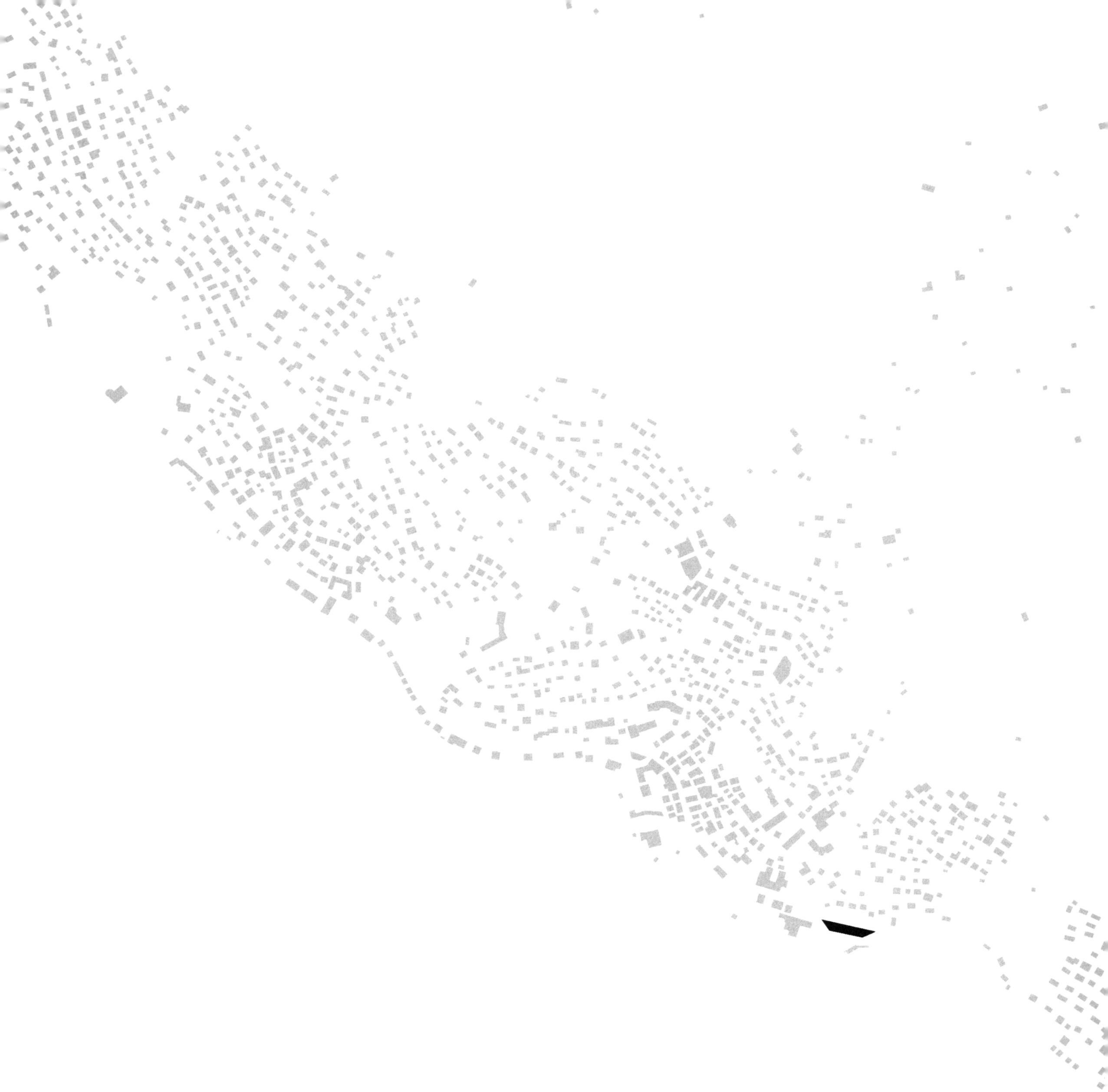

0
20
100

30

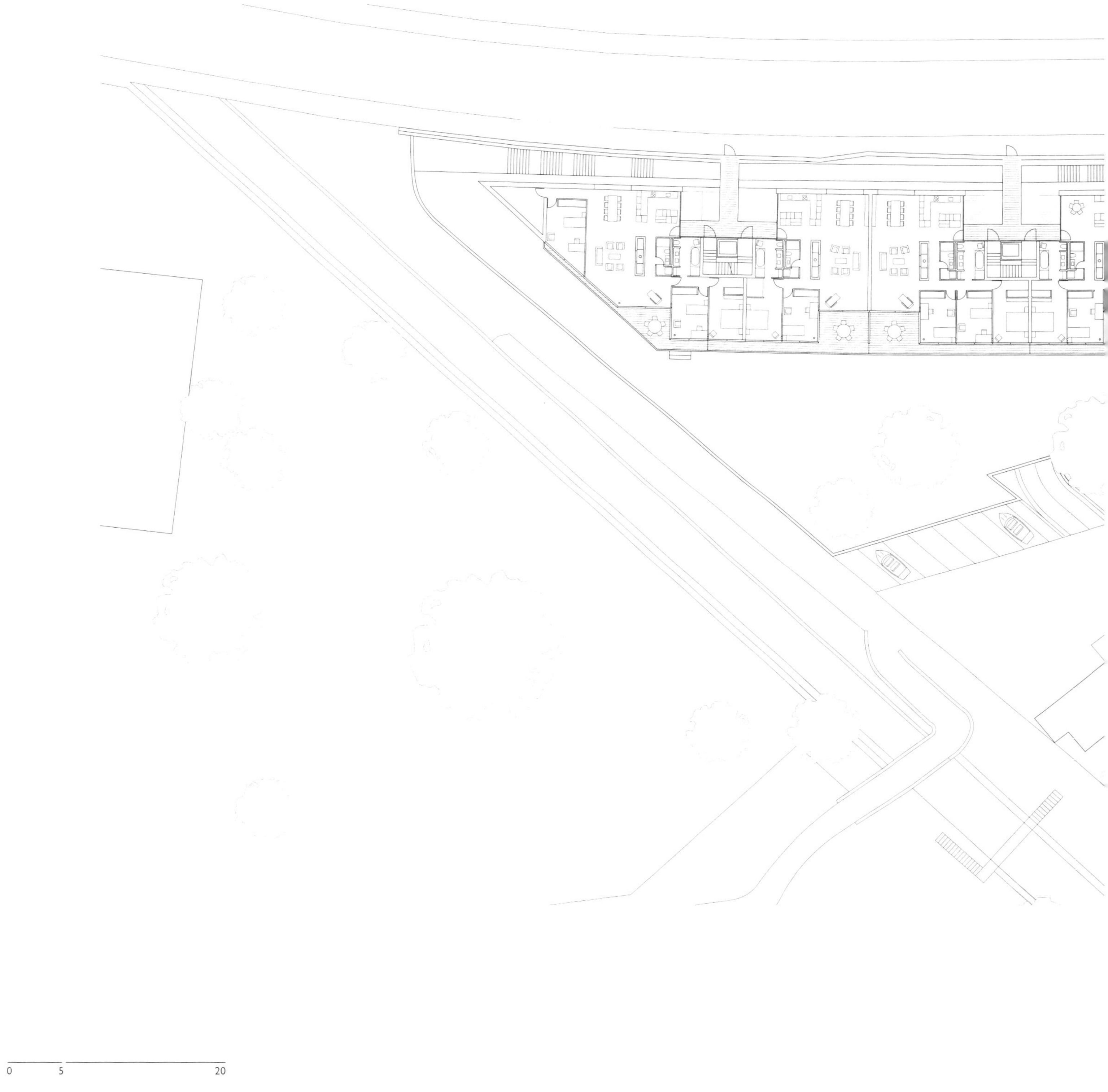
0
5
20

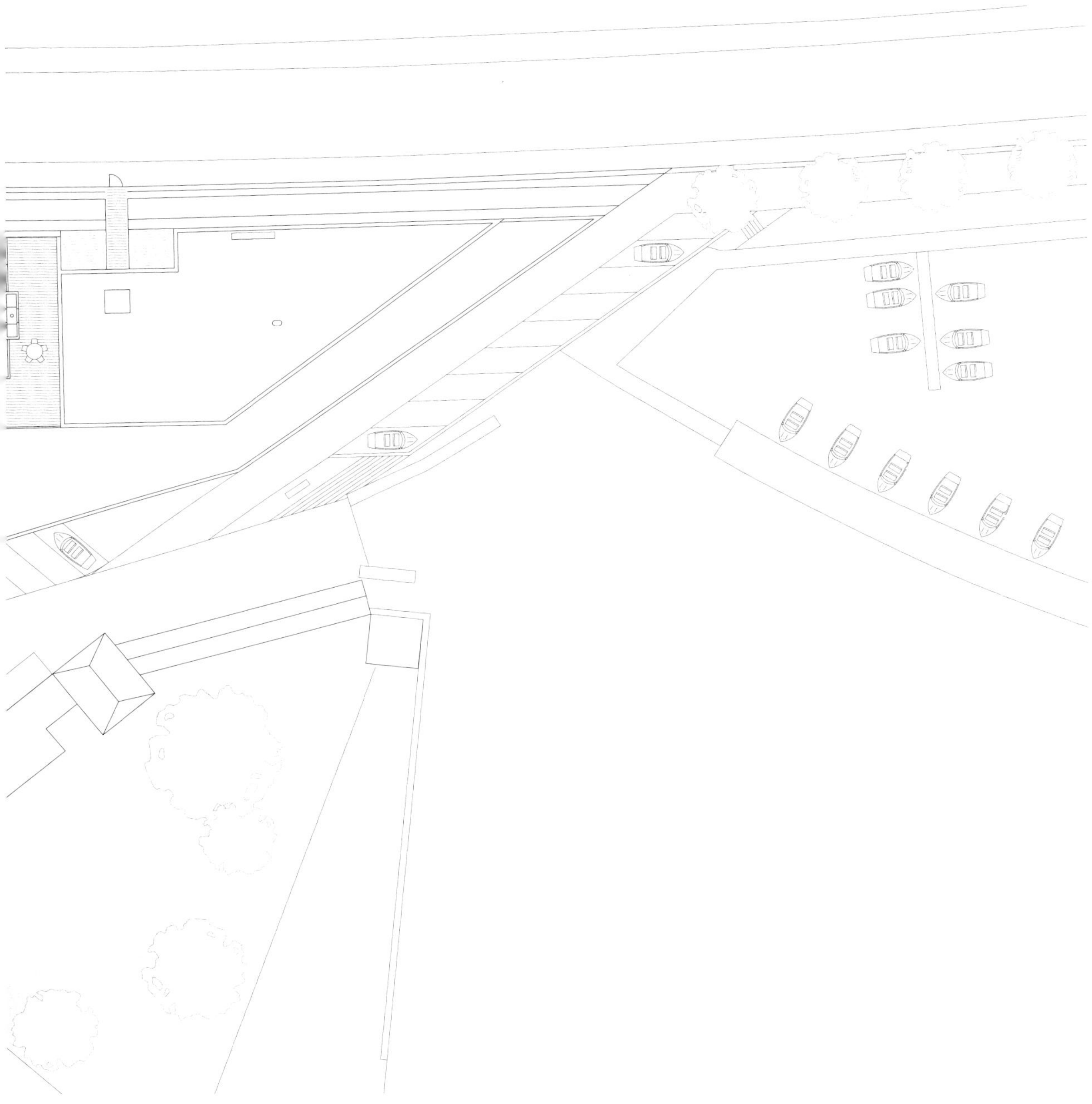

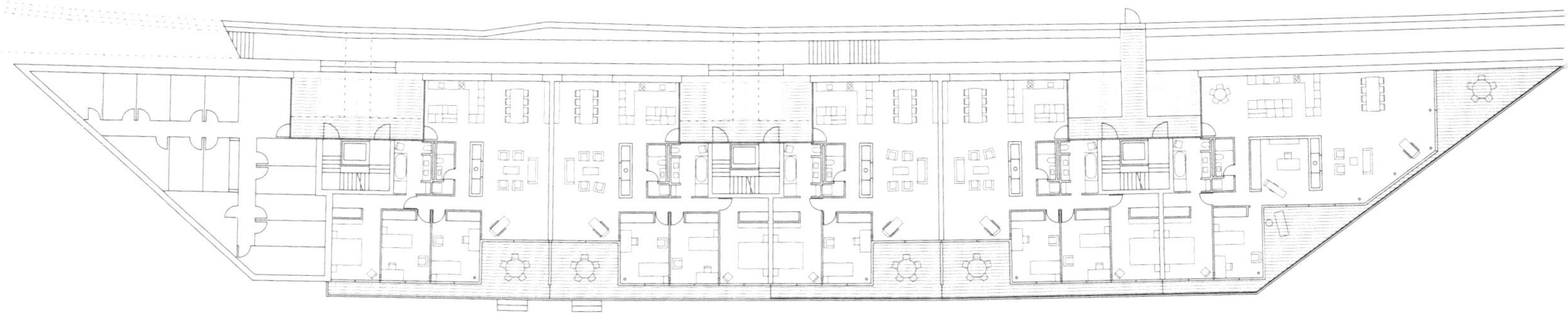

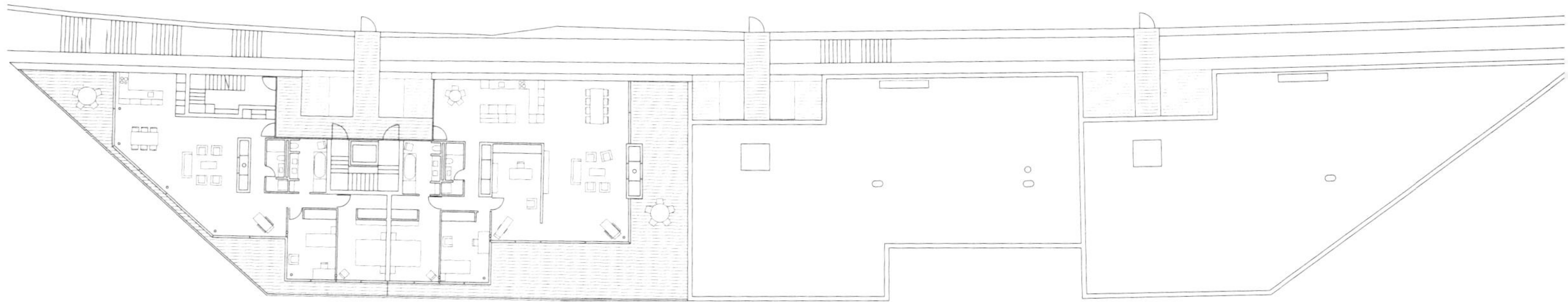

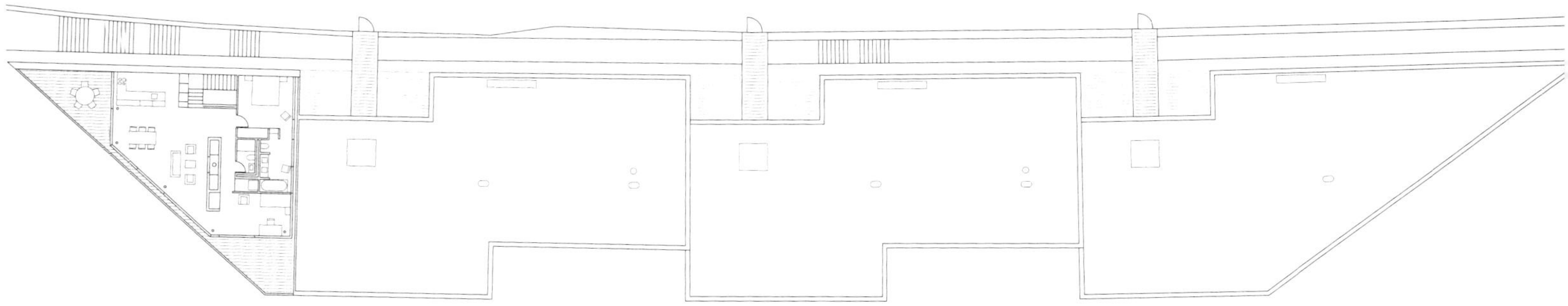

0 5 20

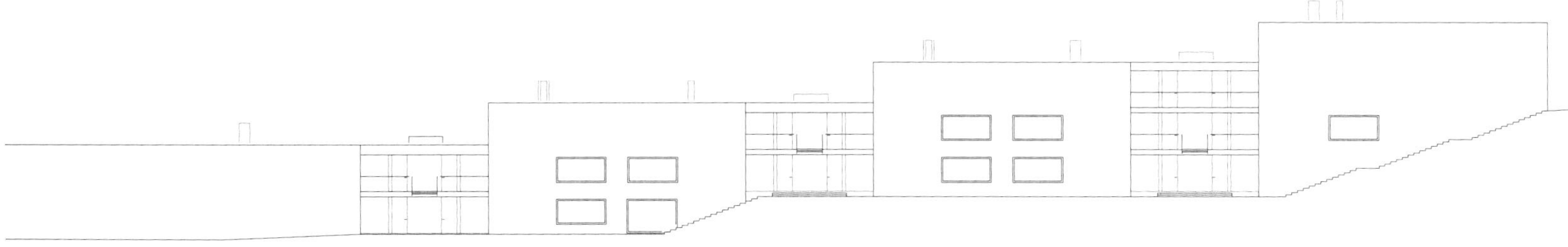

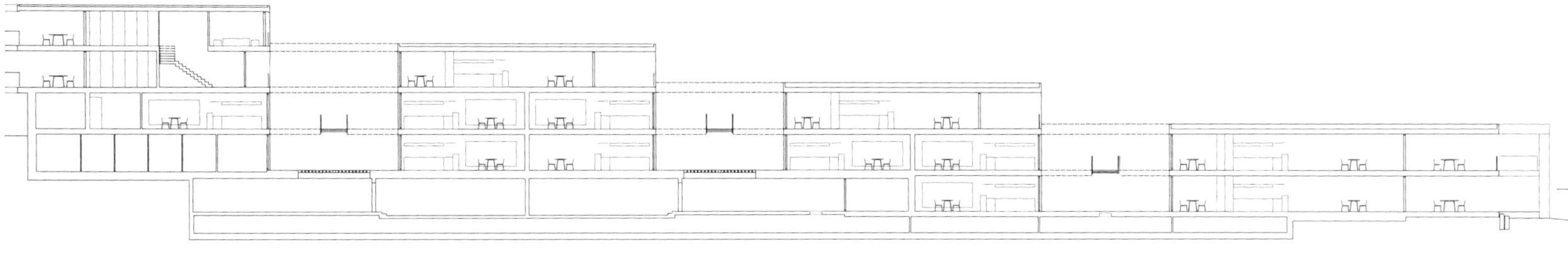

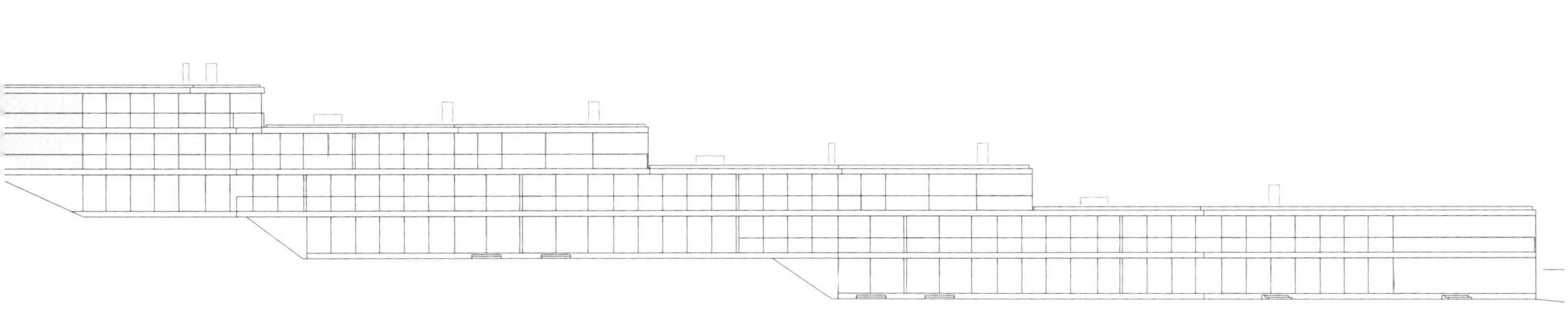

BERN, SCHWEIZERISCHE NATIONALBANK

Den Hauptbau am Bundesplatz mit den Repräsentationsräumen haben wir restauriert, die seitlichen Flügel innen komplett erneuert, den Hof der U-förmigen Anlage zu einem Rundlauf geschlossen.

Dieser Neubauteil ergänzt Eduard Joos' Neubarock von 1913 mit Motiven Adolf Loos' aus den gleichen Jahren: eine reduzierte Struktur, deren Stützen sich nach oben um den Betrag der windmühlenartig verfugten Steinplattenverkleidung verjüngen. Das Thema wiederholt sich in den mit Nussbaum verkleideten Interieurs. Eine Hochglanzbootslackierung veredelt das Holz, verleiht ihm Tiefe, Leben, Atem. Zwischen den hölzernen Schiebetüren und den bedruckten Glaselementen der Kunst am Bau von Bernard Voïta entfaltet sich spannungsvolle, surreale Räumlichkeit. Polierter Chromstahl blitzt an den Fensterrahmen und den eigens für diese Räume entworfenen Leuchten mit eingesteckten Kristallglaselementen auf, Eames-Möbel mit schlammgrünen Lederpolstern verfeinern das erlesene Ganze.

Das Charisma zerstörter Räume beleben wir mit heutigen Mitteln wieder: in der Schalterhalle mit einem wie ein Wellenschlag wirkenden Glasdach, polierten Chromstahlträgern, Wandfüllungen aus ebonisiertem Kirschholz, einer Weissbetondecke mit Metallgitter als Staubdecke, einem weissen Marmormosaikboden. Der Raum verliert sich in den Spiegelungen der Glasschwerter, welche die Glaswand zu den Geschäftsräumen halten. Kalkplatten aus dem Laufental umhüllen drei eingestellte Besprechungskuben.

Im Untergeschoss ermöglicht eine städtische Raumdramaturgie mit Vor- und Rücksprüngen, wechselnden Raumhöhen und Kunstlicht im Sonnenlichtspektrum intuitive Orientierung.

We restored the main building with its prestigious rooms on Bundesplatz, completely refurbished the interior of the two wings and closed the U-shaped courtyard with an extension in order to obtain a circular layout.

This new element complements Eduard Joos' Neo-Baroque work of 1913 with motifs by Adolf Loos from the same period: a reduced structure with columns that gently taper upwards by the thickness of the stone cladding. High-gloss boat varnish enhances the effect of the walnut clad interiors, lending it depth and life, allowing it to breathe. The combination of the wooden sliding doors and the artist Bernard Voïta's built-in printed glass elements creates a surreal spatiality. Polished stainless steel shines from the window frames and the light fixtures with their crystal glass inserts, which were specifically designed for the project. Eames furniture with mud-green leather upholstery complements the sophisticated ensemble.

The character of ruined rooms is revived by modern means: a wave-like glass roof in the banking room, steel beams in polished stainless steel, wall panels made of ebonised cherry wood, a white concrete ceiling with a suspended metal ceiling and a white marble mosaic floor. The room dematerialises itself in the reflections on the glass blades that support the transparent wall of the office area. Limestone slabs from the Laufental valley house three freestanding consultation boxes.

Underground, a dramatic urban spatial composition is created with projections and recesses, varying room heights and daylight-spectrum artificial lighting, allowing for intuitive orientation.

Bundesplatz 1 und Kaiserhaus, 3011 Bern
Auftraggeber: Schweizerische Nationalbank, Bundesplatz 1, 3011 Bern
Wettbewerb: 1. Rang, 2012
Projekt: 2012–2015
Ausführung: 2015–2024

Kunst am Bau: Hans Danuser, Nils Nova und Bernard Voïta

Bundesplatz 1 and Kaiserhaus, 3011 Bern
Client: Schweizerische Nationalbank, Bundesplatz 1, 3011 Bern
Competition: 1st Prize, 2012
Project: 2012–2015
Construction: 2015–2024

Art in architecture: Hans Danuser, Nils Nova and Bernard Voïta

0
20
100

0
5
20

BERN, VERWALTUNGSZENTRUM GUISANPLATZ

BERN, GUISANPLATZ ADMINISTRATIVE CENTRE

Die Herausforderung, eine extreme Dichte an Arbeitsplätzen zu realisieren, gingen wir mit der Entwicklung eines urbanen Stadtteils an. Mit Strassen, Gassen, Plätzen. Mit Häusern, klaren Volumen, mineralischen Fassaden, Lochfenstern, der Qualität einer Innenstadt. Die Attikageschosse haben wir teilweise an die Fassade gerückt, um den Stadtraum zu hierarchisieren, zu modellieren.

Inspiriert hat uns beispielsweise das Rathaus in Genf. Seine Fassaden begleiten den Strassenraum, im Innenhof windet sich die berühmte Rampe empor. Alle Häuser am Guisanplatz sind Variationen solcher Höfe mit differenzierten Erschliessungen. In jedem Gebäude findet nun ein anderes Bundesamt auf ähnlichem Weg eine eigene Identität und Kultur.

Vom öffentlichen Aussenraum bis in die Häuser hinein ist eine starke Raumkontinuität spürbar. Die urbanen Räume und Loggien sind in der neuen Arbeitswelt gegenwärtig. Die Stadt im Innern und die Stadt draussen sind Teile des gleichen Ganzen.

Das wiederverwendete Lagergebäude ist der robusteste Teil der Anlage. Hier gelang der Kraftakt, das Hochparterre wegzuschneiden und auf die Stadtebene abzusenken. Dank dieses Befreiungsschlags läuft das Strassensystem nun durch die Innenhöfe wie beispielsweise in der Galleria Vittorio Emanuele II in Mailand. Das historische Gebäude an der Rodtmattstrasse wurde denkmalgerecht umgebaut.

Während der Arbeiten fiel der Entscheid, das als offener Stadtteil gedachte Projekt einzuzäunen und zum Campus zu machen. Wenn einmal die Ängste weichen, hat die Anlage die räumliche Kraft, selbstverständlich mit dem umgebenden Quartier zu verwachsen.

We addressed the challenge of achieving a high density of workplaces by developing an urban district, with streets, alleys and squares, as well as buildings, clear volumes, mineral façades and punched windows, providing the qualities of an inner city. We intentionally shifted the attic levels towards or away from the line of the façades in order to create a spatial hierarchy and thus shape the urban context.

We were inspired, for example, by the Hotel de Ville in Geneva. Its façades support the streetscape, while the famous ramp winds up the inner courtyard. All the buildings on Guisanplatz are variations on this courtyard theme with differentiated circulation systems. In each building, similar means are distinctly used in order to give each federal authority its own identity and culture.

A strong spatial continuity can be felt from the public outdoor spaces all the way into the buildings. The urban space is present in the new working environment. The city inside and the city outside are parts of the same whole.

The converted central warehouse building is the most robust part of the complex. Here, we managed to cut away the raised ground floor and lower it to the city level. Thanks to this liberating act, the urban fabric now runs through the inner courtyards, as it does in the Galleria Vittorio Emanuele II in Milan. The historical building on the south eastern corner of the site was completely restored following the Swiss heritage preservation guidelines.

During construction, it was decided to close off the site due to increased security concerns. This transformed the project, which had been initially conceived as an open district, into a campus. Yet, once fears recede, the complex has the spatial strength to naturally merge with the surrounding neighbourhood.

Guisanplatz 1, 3003 Bern
Auftraggeber: Bundesamt für Bauten und Logistik (BBL), 3003 Bern
Wettbewerb: 1. Rang, 2010
Projekt Etappe 1: 2010–2013
Ausführung Etappe 1: 2014–2019
Ausführung Etappe 2: 2020–2026

Auszeichnungen: *best architects 20 award*, Büro- & Verwaltungsbauten, 2019

Guisanplatz 1, 3003 Bern
Client: Bundesamt für Bauten und Logistik (BBL), 3003 Bern
Competition: 1st Prize, 2010
Project stage 1: 2010–2013
Construction stage 1: 2014–2019
Construction stage 2: 2020–2026

Awards: *best architects 20 award*, office and administrative buildings, 2019

0
20
100

02
01

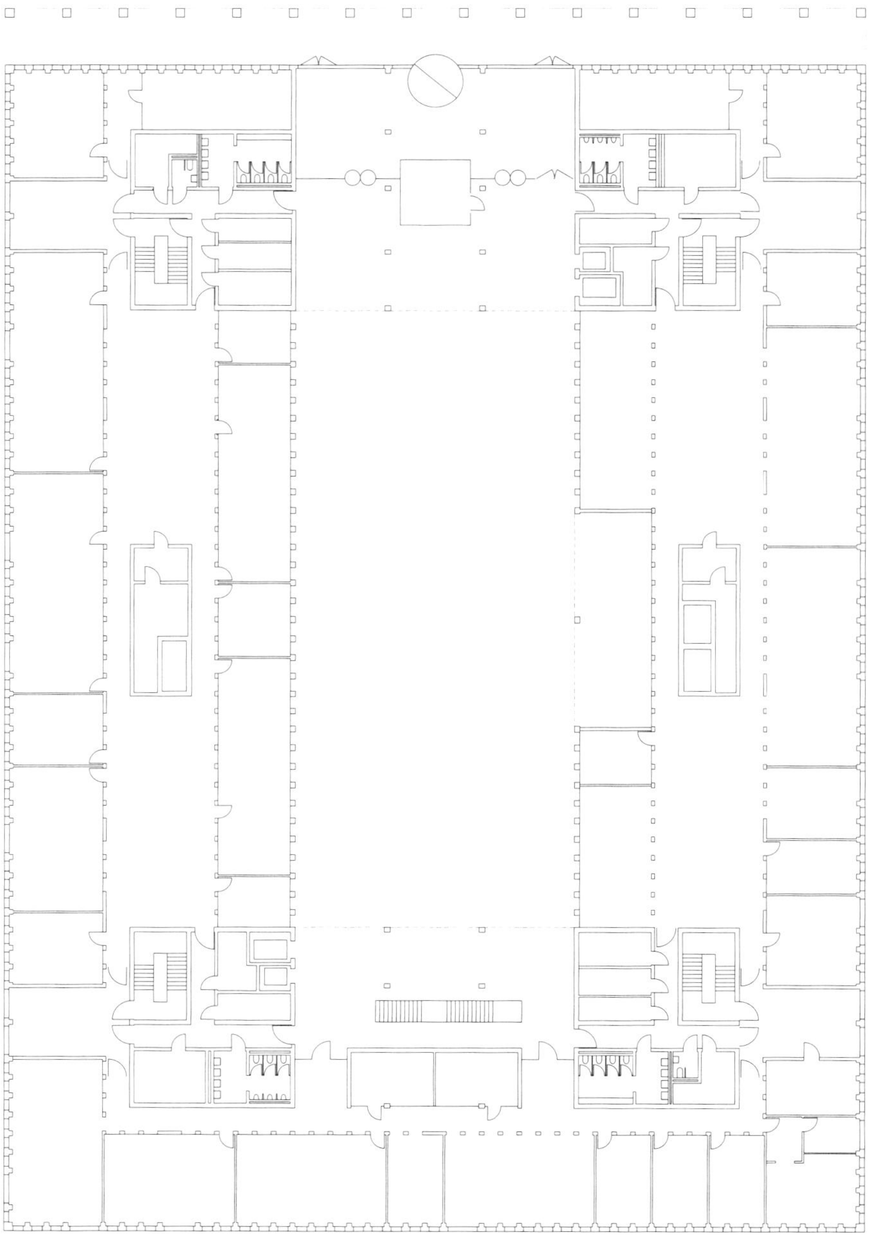

0 5 20

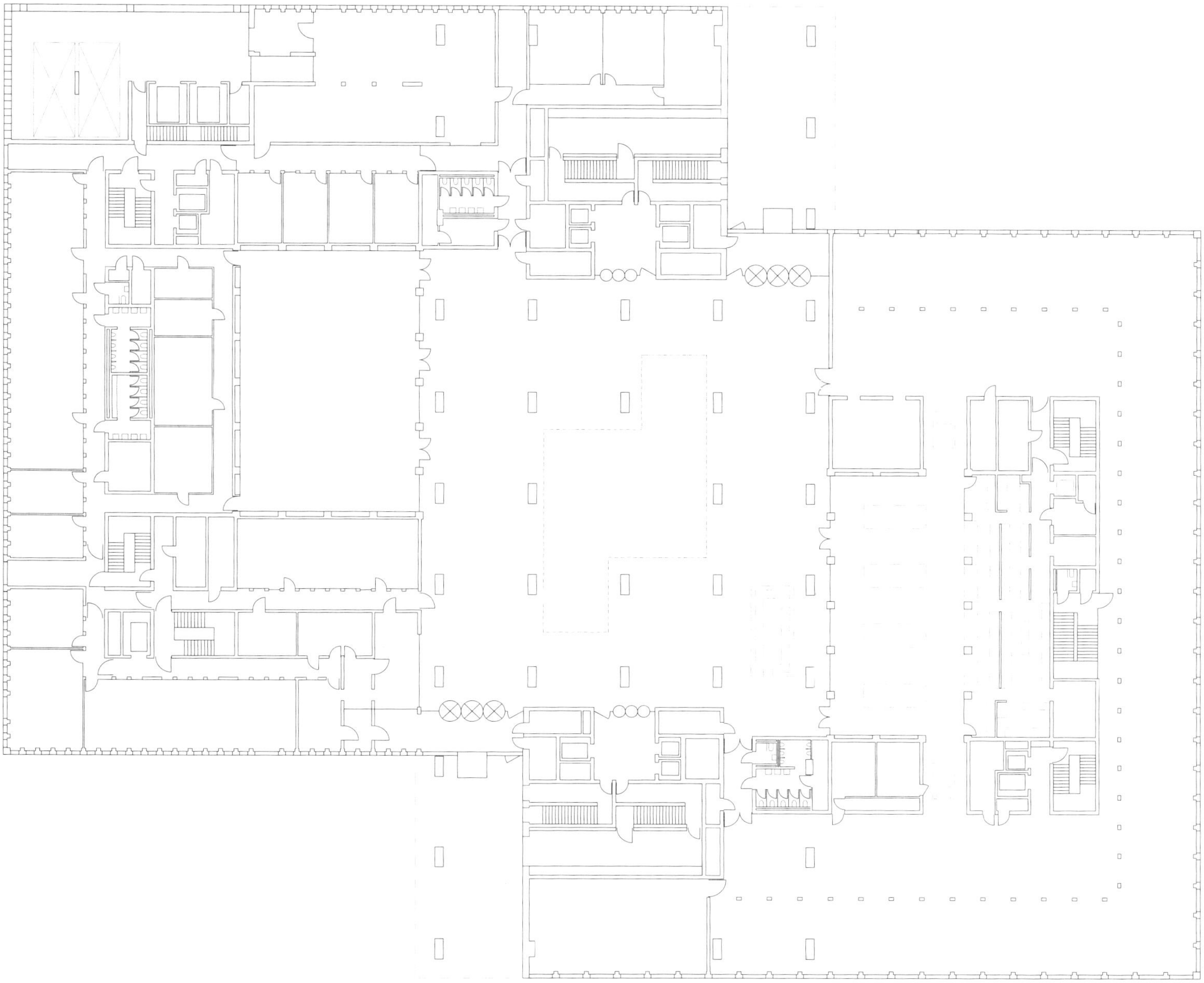

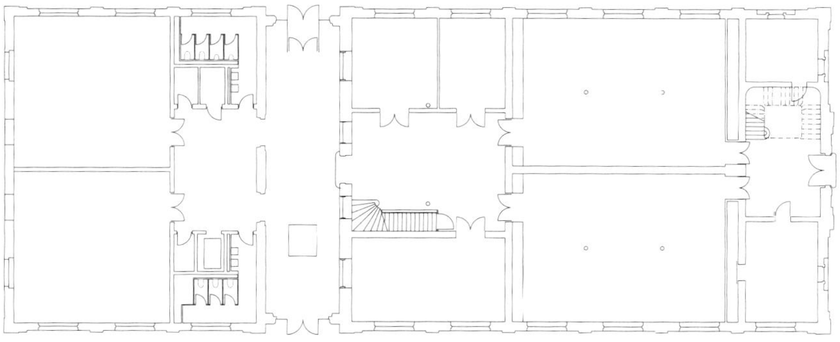

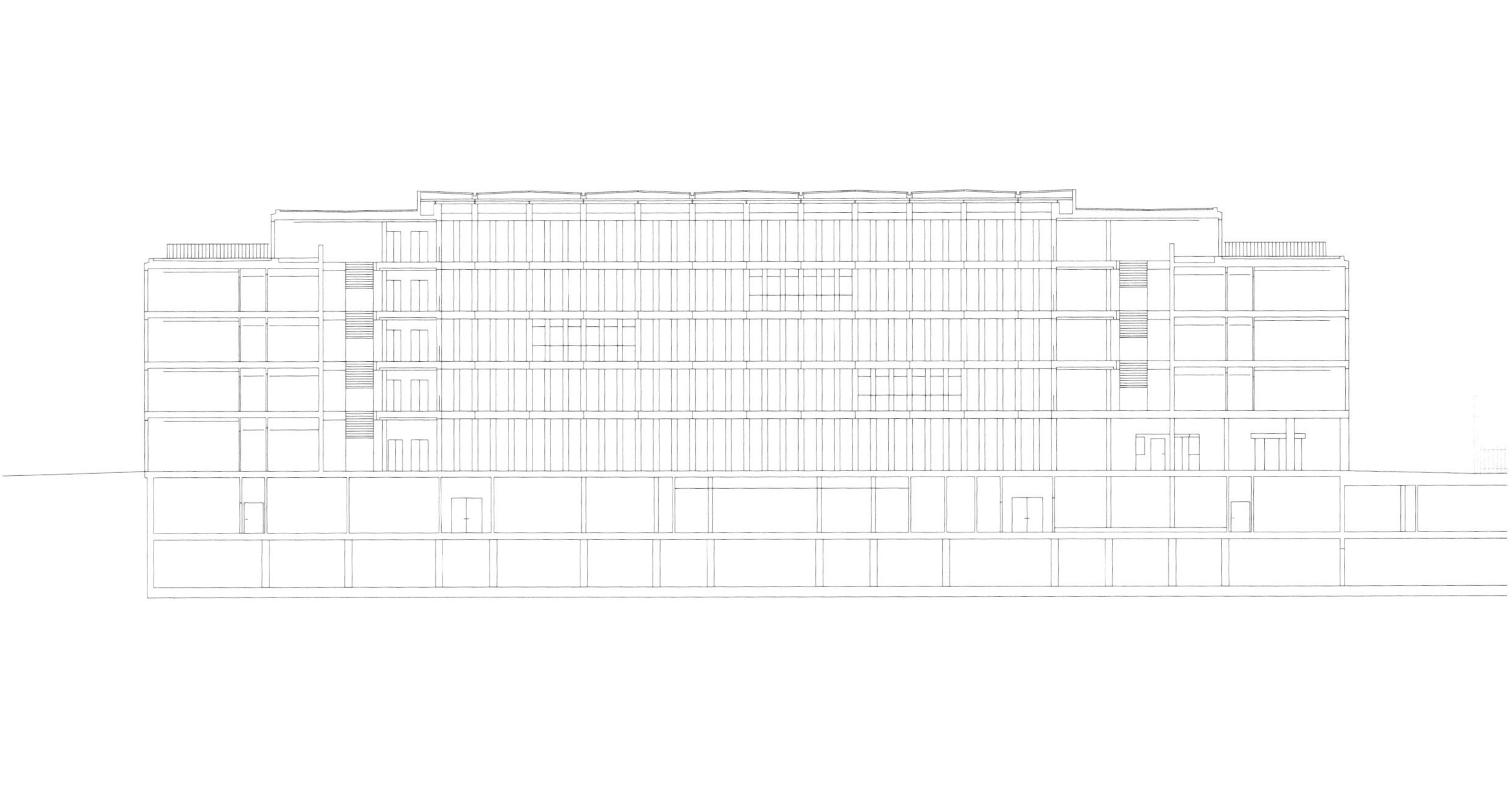
0
5
20

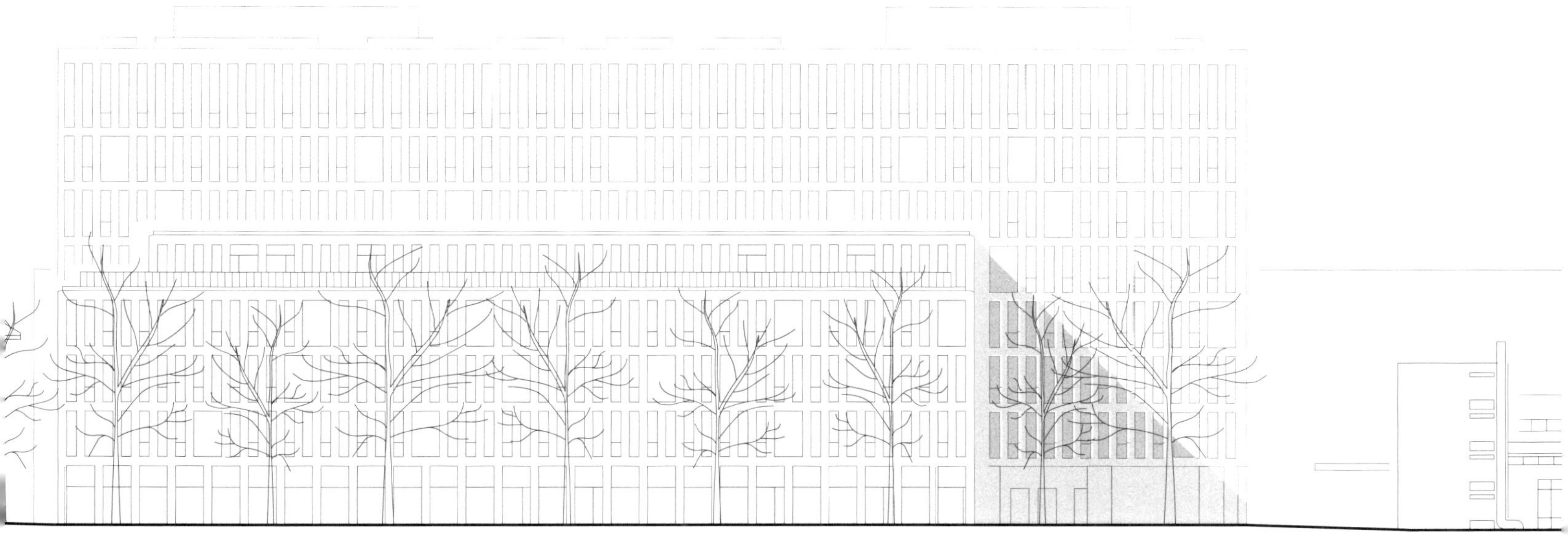

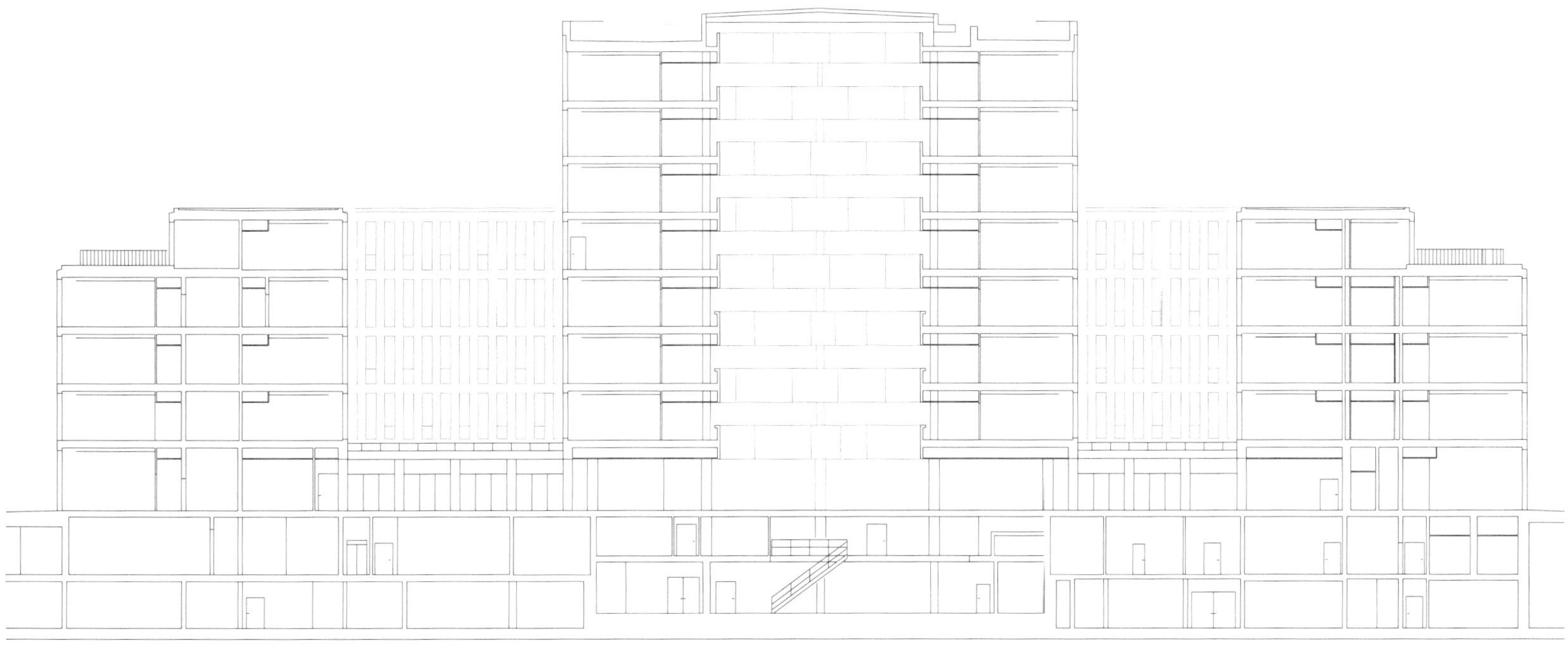

UNTERSCHWELLIGE PRÄSENZ

Christoph Schläppi

Jedem der in diesem Buch vorgestellten Projekte ist ein kleines Bild beigegeben, bei dem nicht offengelegt wird, ob es sich nun um ein Referenzbild, ein Bilderrätsel oder etwas Anekdotisches handelt. Hier ein Versuch über den gemeinsamen Nenner dieser Einsprengsel.

Das Architekturbüro, um das es hier geht, ist in der grandiosen ehemaligen Verbandsdruckerei untergebracht, die 1921 von Walter von Gunten erbaut wurde. Dieser neoklassizistisch-rationale Baukomplex war von der Zwischenkriegszeit bis weit ins 20. Jahrhundert hinein ein geistiges Zentrum der Schweizer Arbeiterbewegung und politischen Linken. Der Nebeneingang am Giessereiweg ist in ein Gebäude von schwerer, wertvoller, aber prunkloser Materialität eingebettet. Ein Halbgeschoss höher, in der einstigen Maschinenhalle, wo zuletzt noch die *Tagwacht* gedruckt wurde, empfängt eine überraschend neutrale Bürowelt die Gäste: helle Wände und Pfeiler, die Besprechungszimmer mit Glasschiebewänden abgetrennt, Möbelklassiker in Chromstahl, schwarz und weiss, das Ganze über dem Sandton eines alten Zementbodens. Diese hochtransparente Arbeitswelt könnte als gepflegtes Designinterieur bezeichnet werden, würde nicht ein alter Liftschacht den Weg zu den Besprechungsräumen verstellen. Einem Höllenschlund gleich führt durch diesen ausgehöhlten, in ein Farbbad aus Le Corbusiers Palette getauchten Bauteil eine leichte, gefaltete Treppe ins Untergeschoss hinab.

Drei Atmosphären also ergänzen, kommentieren, hinterfragen einander. Das Aufeinanderprallen verschiedener Material- und Ausdruckswelten erzeugt Spannung, setzt Fragezeichen. Die Gegenwart des Anderen lässt auf eine Gleichzeitigkeit verschiedener Modi, verschiedener Sprachen und Dialekte oder ganz allgemein auf die Bereitschaft schliessen, verschiedene Register zu ziehen und zu bislang ungehörten Klängen zu kombinieren. Darüber hinaus ist in den Arbeiten des Büros vielerorts eine spezifische Fusion von Bau und Kunst zu beobachten. Wenn Künstler in den Gestaltungsprozess eingebunden werden, geht es um mehr als Kunst am Bau – nämlich darum, im Bauen einen künstlerischen Anspruch zu behaupten. Und so ist manches Projekt nur dadurch zu erklären, dass die ihm zugrunde gelegte Haltung durch eine diskursive, kritische Herangehensweise verfestigt worden ist. Erwünscht sind dabei offensichtlich auch Irritationen, Manifestationen des Anderen, oder es werden Elemente zugelassen, die zwar leicht zu übersehen sind, aber gerade in solch unterschwelliger Präsenz ihre Wirkung umso kraftvoller entfalten.

SUBLIMINAL PRESENCE

Christoph Schläppi

Each of the projects presented in this book is accompanied by a small picture. Whether it is a reference, a picture puzzle or something anecdotal is left unsaid. This is an essay on the common denominator of these fragments.

The architectural office that is the subject of this book is housed in the grandiose former Verbandsdruckerei building, which was constructed in 1921 by Walter von Gunten. This neoclassical-rational building complex was an intellectual centre of the Swiss labour movement and the political left from the interwar period until well into the 20th century. The side entrance on Giessereiweg is set in a building made of heavy, valuable but unembellished materials. A few steps above street level, in the former machine hall where the *Tagwacht* used to be printed, a surprisingly neutral office environment welcomes visitors: light-coloured walls and pillars, meeting rooms separated by sliding glass walls and furniture classics in stainless steel, black and white, all laid out over the old sand-coloured cement floor. This highly transparent work environment could come across as a sophisticated interior design, were it not for the old elevator shaft guarding the way to the meeting rooms. A light, folded staircase descends through this hollowed-out, abyssal structure, bathed in tones from Le Corbusier's colour palette.

These three environments complement, comment on and question each other. The clash of different materials and expressive worlds creates tensions and formulates questions. The presence of the other suggests a simultaneity of different modes, different languages and dialects or, generally speaking, a willingness to pull out different stops and combine them to create previously unheard sounds. Furthermore, a specific fusion of construction and art can be found in many of the office's works. When artists are involved in the design process, the aim is more than just cladding art onto the building; it is to affirm an artistic claim in a built form. Many projects can therefore only be explained by the fact that the approach on which it is based has been consolidated by a discursive, critical approach. Irritations and manifestations of the other are obviously desirable and easily overlooked elements, all the more powerful for their subliminal presence, are encouraged.

Das Resultat ist also die Errungenschaft einer Vorgehensweise, bei der im Entwurf die Beiträge des Arbeitskollektivs als Ressource freigesetzt werden – nicht, indem dieser im Sinne eines demokratischen Entwerfens verwässert, sondern indem er im Sinn mehrstimmigen, mehrsprachigen Entwerfens geschärft und aufgeladen wird. So strahlen viele Projekte eine distanzierte Eleganz aus, aber kaum eines wartet auf, ohne dass diese nicht auch hinterfragt, gebrochen würde. Vielleicht liegt hierin ein Erklärungsansatz dafür, dass sich viele Arbeiten des Büros Etikettierungen widersetzen und tendenziell aus den landläufigen Schemata von Autorschaft und Zeitgenossenschaft herausfallen.

Diese Überlegungen seien mit einem Beispiel abgerundet, das abseits der Öffentlichkeit entstanden ist: die Textiltapete, mit welcher der sogenannte Salon Bleu der Nationalbank ausgeschlagen wurde. Die Idee zu diesem erlesenen Gewebe entstand bei der Betrachtung einer alten, unscharfen Schwarz-Weiss-Fotografie dieses Raumes, die ein florales Muster in einem Rautensystem zeigt. Der Stoff, der schwer, seidig schimmernd in der Hand liegt, ist keine Rekonstruktion. Das mit feinen goldgelben Fäden in den tiefgrünen Grund gewirkte Muster bildet das Original nicht philologisch, sondern vielmehr als Ahnung ab, bezaubernd in seiner Leichtigkeit, seinem Oszillieren, Flimmern, Changieren. In der Art und Weise, wie zwingend und gleichzeitig doch ephemer dieses Detail anmutet, in der Beharrlichkeit, wie aus einer flüchtigen Idee während der Dynamik einer Diskussion eine aufwendige Recherche und eine sich selbst genügende Arbeit entstehen kann, liegt vielleicht eines der Geheimnisse dessen, wovon dieses Buch handelt.

This leads to an approach in which the contributions of each collaborator transpire as a resource – not by diluting them in the spirit of democratic design, but by sharpening and charging them in the spirit of polyphonic, multilingual design. As a result, many projects radiate a reserved elegance, although most of them also question and break away from it. This might offer an explanation why many of the office's designs cannot be pigeonholed and tend to fall outside the common premises of authorship and contemporaneity.

These observations can be rounded off with an example that was created behind closed doors: the textile wallcovering used to decorate the room in the National Bank known as the Salon Bleu. The idea for this special fabric took shape while looking at an old, blurred black-and-white photograph of the room, which depicts a floral pattern in a diamond-shaped layout. The shimmering fabric, heavy and silky to the touch, is not a reconstruction. The pattern woven with fine golden yellow threads into the deep green background does not depict the original with philological accuracy, but rather evokes it. It enchants with its lightness and oscillation, its flickering iridescence. Perhaps one of the secrets of what this book is about lies in the way that such details seem both necessary and ephemeral, as well as the perseverance with which an idea expressed in the heat of discussion can lead to in-depth study and a self-sufficient work.

Die grundlegenden Themen des Städtebaus, so wie wir ihn verstehen, sind die Transformation und die Kontinuität der Veränderung. Städtebau bedeutet in unserer Zeit, sich in Prozesse einzuklinken, Permanenz mit Prozesshaftigkeit in Einklang zu bringen. Die Chance im Städtebau besteht heute darin, die zu beplanenden Gebiete nach einer bildhaften Logik zu Orten mit einer starken räumlichen Identität zu entwickeln und nicht bloss hin zu reiner Zweckerfüllung. Es geht also nicht darum, eine neue Struktur über einen Raum zu legen, ihm diese gleichsam aufzuzwingen, sondern darum, aus einer Vielzahl von Fragmenten Möglichkeiten einer immanenten Ordnung herauszulesen und diese zu einem neuen Ganzen zusammenzusetzen. Hierfür ist auf einem sehr abstrakten Niveau Einfühlsamkeit gefragt, die sich in einem lesenden und zugleich interpretierenden Blick manifestiert.

Städtebau heisst in diesem Sinn also nicht, einen Ort aus dem Boden zu stampfen, wie es Le Corbusier mit dem alten Paris machen wollte – eine Idealstadt, die gegen alles Vorhandene durchgesetzt wird. Sondern es geht darum, diesen Ort zu verstehen und das Entwicklungspotential, das in ihm schlummert, zu antizipieren. Jeder städtebauliche Akt beginnt deshalb mit einer geduldigen Lektüre. Alles Vorhandene will auf seine Rolle in einem möglichen künftigen Ganzen hin verstanden sein. Diese Lektüre soll die Grundzüge des Ortes zutage fördern, ein Verständnis seiner tiefen Wesenszüge ermöglichen, aufgrund dessen er geklärt, seine Zukunft gestaltet werden kann. Freilich: Das Narrativ eines Ortes wird nicht von dessen offensichtlichsten Merkmalen geprägt, sondern auch von Dingen, welche die Städtebauer der Moderne wahrscheinlich als Makel, als Fehler verstanden und beseitigt hätten.

The essential concepts of urban design, as we understand it, are transformation and the continuity of change. Urban planning today means engaging in processes, reconciling permanence with processuality. The current opportunities in urban planning involve developing the areas in question according to a pictorial logic that results in places with a strong spatial identity, rather than in the mere fulfilment of a specific function. It is therefore not a matter of applying a new order to a given space – of imposing order, as it were – but rather of identifying possibilities of an immanent order in a multitude of fragments that can be assembled to form a new whole. This requires sensitivity at a highly abstract level, which manifests itself in a perception that both reads and interprets at the same time.

In this sense, urban planning does not mean designing a place from scratch, as le Corbusier intended to do with the old Paris – an ideal city, set in opposition to everything that exists. Rather, it is about understanding a place and anticipating the potential for development that lies dormant within it. Every act of urban planning therefore begins with a patient analysis. Everything that exists must be understood in terms of its role in a possible future whole. This analysis should reveal the main features of a place and enable an understanding of its most rooted characteristics. This provides a basis for clarity and for shaping an area's future. Indeed, the narrative of a place is not simply determined by its most obvious features, but also by elements that modernist urban planners would probably have perceived as blemishes or flaws to be removed.

Bei dem auf einen Zeithorizont von 50 Jahren angelegten Plan für Naters besteht die Herausforderung darin, den Ort mit neuen Wegführungen zu transformieren, ohne dass bestehende Gebäude abgerissen werden müssen, wie es schon mit den mittelalterlichen Erweiterungen der Stadt Bern oberhalb des Zeitglockenturms war, die bereits auf Bestände von Strassen, Kirchen, Häusern reagieren mussten. Auch die meisten Quartiere des 19. und frühen 20. Jahrhunderts mussten oftmals in bereits bebaute Strukturen eingepasst werden.

So sind wir auch in Naters vorgegangen, ein räumlich wenig fassbarer Bestand, an dem mit dem Ziel einer künftigen Ordnung hin sinnstiftend weitergebaut werden soll. Verbindungen und Korridore so unterschiedlicher Herkunft wie die Flurwege, deren Ursprünge sich in der Geschichte verlieren, die alte Landstrasse und die Neue Furkastrasse oder die aufgehobene Trasse der einstigen Furka-Oberalp-Bahn mussten so in ein planvolles Ganzes integriert werden, dass sie als Erschliessungen, öffentliche Räume, Quartierstrassen funktionieren, ohne dass ihre Rolle in der Geschichte des Ortes in Vergessenheit gerät.

Die Mehrzahl dieser bestehenden Verbindungen verläuft parallel zur Rhone. Unser Haupteingriff besteht deshalb darin, mehrere neue Verbindungen anzulegen, die vom historischen Ortskern beziehungsweise von der Bergseite aus an die Rhone hinabführen, damit der Ort zu einem Gewebe wird.

Das ist die Grundfigur, auf der die anschliessende Neuinterpretation des Raumes aufbaut, bei welcher aus Kreuzungen Plätze werden. Dabei kann das Zentrum nicht überall sein. Die Stadt muss auch dort stimmen, wo der «Tessuto», wie Aldo Rossi das Gewebe der unspektakulären Quartierbebauungen genannt hat, entstehen kann.

Besonders interessant sind auch hier jene Elemente, die neu angelegt werden, dank derer das Ganze Logik annimmt, die in das neue Stadtgefüge passen. In Naters wird dies beispielsweise die Neue Sandstrasse sein.

In Naters waren die Prozesse ungeordneten Wachstums weit fortgeschritten – ein gutes Jahrhundert ist es her, seit hier das Ausbruchmaterial des Simplontunnels deponiert worden ist. Umso interessanter wird es sein zu sehen, ob es gelingt, dieses ephemere Nebeneinander unterschiedlicher Massstäbe und Typen in eine Ordnung einzubinden, deren Urbanität nicht auf der Menge oder der Grösse der Bauten beruht, sondern auf diesem Miteinander, das erst aus einer Ansammlung von Häusern Stadt macht. Die Stadt also, welche neue Lebensmittelpunkte, ein Habitat für einen modernen Menschenschlag bietet.

The 50-year plan for Naters consists in transforming the site by adding new connections without removing existing buildings, in the same way Bern's medieval expansions above the Zeitglockenturm took the existing streets, churches and houses into consideration. Most of the 19th and early 20th century neighbourhoods were adjusted into existing structures.

We proceeded the same way in Naters, a city composed of a collection of buildings that is spatially difficult to understand. Connections such as the country paths, whose beginnings are lost in history, the old Landstrasse, the Neue Furkastrasse or the abandoned route of the former Furka-Oberalp railway were to be integrated into a planned entity in a manner that would would allow them to act as access points, public spaces and neighbourhood streets, without erasing their local historical significance.

Most of these existing connections run parallel to the Rhône. Our idea is therefore to create new cross connections that lead from the historical centre or the mountain foothills to the Rhône, transforming the site into a woven fabric.

This is the basic figure on which the subsequent reinterpretation of the area is based: intersections become squares. Yet the centre cannot be everywhere. The city must also function where the "Tessuto", as Aldo Rossi called the sprawl of unspectacular residential developments, might emerge.

The new elements fitted into the redesigned urban fabric are also interesting, as they bestow a certain logic on the whole. For Naters, the Neue Sandstrasse will be an example of this.

In Naters, the heterogeneous growth was very advanced – more than a century has passed since the excavated material from the Simplon tunnel was deposited here. It will be all the more interesting to see whether this ephemeral juxtaposition of different scales and types can be integrated into a new order, the urbanity of which is not based on the number or size of the buildings, but on the sense of togetherness. It is this sense of togetherness that turns a cluster of houses into a city. In this way, the city offers new centres of life, a habitat for modern people.

Bestehende Situation, Masterplan Gemeinde Naters VS
Existing situation, masterplan Municipality Naters VS

Vision, Masterplan Gemeinde Naters VS
Vision, masterplan Municipality Naters VS

MASTERPLAN BAHNHOFAREAL HERZOGENBUCHSEE BE

Mit der städtebaulichen Ertüchtigung von Naters wird ein Schritt vollzogen, der andernorts unter ähnlichen Vorzeichen bereits im 19. Jahrhundert angegangen worden war. Für Herzogenbuchsee haben wir jüngst eine Masterplanung für das Bahnhofquartier und ein Richtprojekt für das Gebiet Bahnhof West erarbeitet. Der Ort, damals noch ein kleines Dorf, war 1857 ans Netz der Schweizerischen Centralbahn angeschlossen worden. Dieser Meilenstein verhalf Herzogenbuchsee gleichzeitig zu Wachstum und Prosperität. Andererseits aber isolierte er das Gebiet westlich der Eisenbahnlinie und stellte dieses einer eher chaotischen Entwicklung anheim.

Der Plan, den Robert Moser in den 1860er Jahren für das Bahnhofquartier entwarf, regelte Strassen und Baulinien, deren Netz sich wiederum um Gevierte legte. An diese elementare, robuste Grundlage konnten wir anknüpfen, indem wir für das Bahnhofquartier neue Regeln für die Abmessungen und Verteilung künftiger Bauvolumina entwickelten. Interessanterweise bot sich der Plan Moser auch als Richtschnur für die Entwicklung des Gebiets jenseits der Gleisanlagen an, das mit seinen Silos, Gewerbebauten und versiegelten Flächen eine gänzlich andere Bebauungstypologie aufweist. Auch hier beruht unsere städtebauliche Idee auf einem Gewebe, das über die Topographie gelegt, mit dieser verflochten wird. Auch hier kommt der «Tessuto» nicht ohne die Monumente aus, welche spezifische Orte städtebaulich auszeichnen. Hier beispielsweise, indem dem bestehenden Bahnhofplatz ein Gegenüber jenseits der Gleise hinzugefügt wird und beide mit der neugebauten Perronunterführung als neue Mitte verknüpft werden.

Eine zeitgemässe Dimension erhalten diese städtebaulichen Ansätze durch Massvorgaben, die sich an hoher Dichte, Diversität und Funktionsfähigkeit als öffentlicher Raum orientieren. Die überzeitlich gültige städtebauliche Grundlage wird folglich mit den Mitteln der Architektur auf den Stand heutiger Anforderungen gebracht, wobei die neue Urbanität nicht auf einer Tabula Rasa, sondern auf den Paradigmen von Kontinuität, Prozesshaftigkeit, Aufwärtskompatibilität, Nachverdichtung und so weiter beruht. Das Resultat einer städtebaulichen Transformation kann geplant, aber nicht erzwungen werden.

In Herzogenbuchsee haben wir die Möglichkeit, einige bestehende Gebäude einer neuen Nutzung zuzuführen. Indem wir mit einem hohen kulturellen Anspruch an diese Aufgabe herangehen, hoffen wir, einen langfristig positiven Impuls auf die künftige Entwicklung des Ortes auszuüben.

MASTERPLAN STATION SITE HERZOGENBUCHSEE BE

The idea behind the urban redevelopment of Naters is a measure that other cities already applied, under similar conditions, in the 19th century. For Herzogenbuchsee, we recently developed a master plan for the area around the railway station and a model project for the Bahnhof West area. The town, at the time still a small village, was connected to the Swiss Central Railway network in 1857. This milestone brought Herzogenbuchsee both growth and prosperity. But it also isolated the area west of the railway line and left it to develop in a disorganised manner.

The plan drafted by Robert Moser in the 1860s for the area around the railway station established streets and building lines within a network constructed around squares. We proceeded from this elementary, robust foundation by developing new rules for the scale and distribution of future building volumes in the neighbourhood. Interestingly, the Moser plan was also used as a guideline for the development of the area on the other side of the railway tracks. With its silos, commercial buildings and paved areas, it has a completely different building typology. Here too, our urban planning idea is based on a fabric that is spread over the topography and interwoven with it. Once again, the "Tessuto" relies on monuments that lend specific places their characteristic urban structure. In this case, we gave the existing station square a counterpart on the other side of the tracks and connected them together as a new centre with the newly planned underpass.

These urban planning approaches become contemporary through measures that are orientated towards high density, diversity and the functionality of public space. This timeless urban design is thereby adjusted to fit contemporary requirements by means of architecture. The new urbanity is not based on a tabula rasa, but on the paradigms of continuity, processuality, upward compatibility and redensification. Urban transformation can be planned, but not forced.

In Herzogenbuchsee we were able to find new uses for certain existing buildings. By approaching this task with great cultural ambition, we hope to provide a long-term positive impulse for the town's future development.

Bestehende Situation, Masterplan Bahnhofareal
Herzogenbuchsee BE
Existing situation, masterplan station site
Herzogenbuchsee BE

Vision, Masterplan Bahnhofareal
Herzogenbuchsee BE
Vision, masterplan station site
Herzogenbuchsee BE

STÄDTEBAULICHES GESAMTKONZEPT BERNAPARK, DEISSWIL BE

Mit der ehemaligen Kartonfabrik Deisswil, gegründet vor 150 Jahren, war vor ziemlich genau einem Jahrhundert an der damals neuen Worblentalbahn eines der grössten Industrieensembles des Kantons Bern entstanden. Nachdem die Produktion um 2010 gestoppt wurde, soll die Gesamtanlage mit ihren eindrücklichen Industriebauten mehrerer Generationen und verschiedener Typologien als Lebens- und Arbeitsmittelpunkt instandgesetzt und aufgewertet werden.

Dabei kommen die erwähnten Paradigmen und Denkansätze zur Anwendung. Darüber hinaus ist die Aufgabe, diesen Ort als Wohn- und Arbeitsort zu vitalisieren, mit einer mittelalterlichen Stadtgründung vergleichbar – nicht nur, weil das Ensemble entsprechende Dimensionen besitzt. Die ehemalige Kartonfabrik bildet eine dichte Insel inmitten der Landschaft, einen Satelliten, der nicht nur an das Dorf Stettlen, sondern durch den öffentlichen Verkehr auch eng an die Stadt Bern angebunden ist. Der Erfolg wird daran zu messen sein, ob die Bewohnerinnen und Bewohner vom Pioniergeist, dem sozialen Umfeld und allen anderen Annehmlichkeiten des Lebens an diesem Ort getragen werden. Unabhängig von wirtschaftlichen Überlegungen hängt dies auch davon ab, ob es gelingt, diese Industriebrache mit ihrem Industriekanal, den Eisenbahngleisen und Verladerampen an den internen Gassen und Plätzen mit der räumlichen Kraft und Anmutung städtischen Lebens aufzuladen.

GENERAL URBAN CONCEPT BERNAPARK, DEISSWIL BE

Nearly 150 years ago, the former Deisswil cardboard factory was one of the largest industrial complexes in the canton of Bern, constructed along the newly built Worblental railway. Production was halted in 2010. The complex, with its impressive industrial buildings spanning several generations and various typologies, is now to be restored and upgraded as a centre for living and working.

To this end, we draw on the paradigms and approaches described above. The task of revitalising this place for living and working is comparable to the foundation of a medieval town; not only because the complex's similar scale but also because it forms a dense island in the middle of the landscape, a satellite of the village of Stettlen and closely connected via public transport to the city of Bern. The measure of the redevelopment's success will be the extent to which the inhabitants feel sustained by the location's pioneering spirit, the social environment and other features of life there. Regardless of economic considerations, this will also depend on whether this former industrial site, with its canal, railway tracks and loading ramps in the inner alleys and squares, can be instilled with the spatial power and charm of urban life.

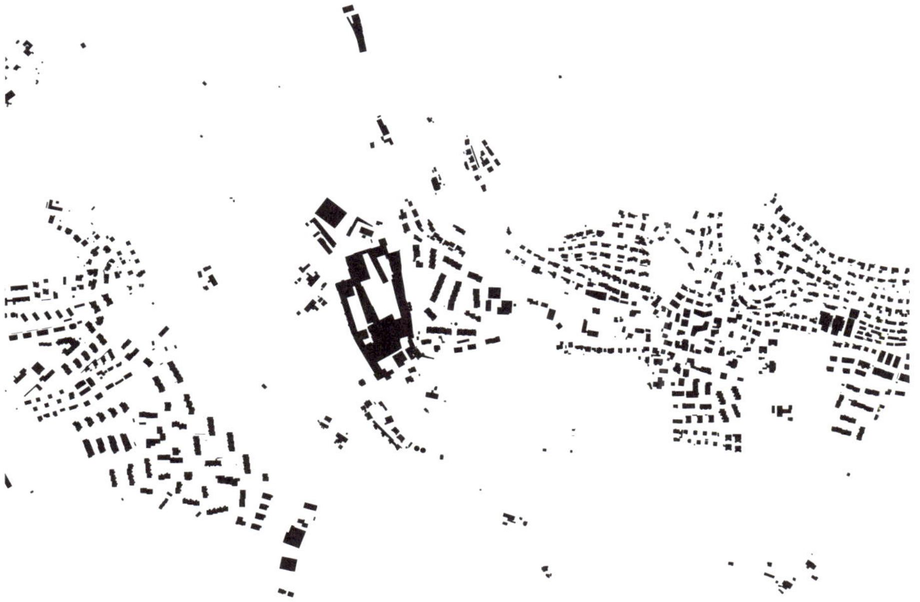

Bestehende Situation, städtebauliches Gesamtkonzept
Bernapark, Deisswil BE
Existing situation, general urban concept Bernapark, Deisswil BE

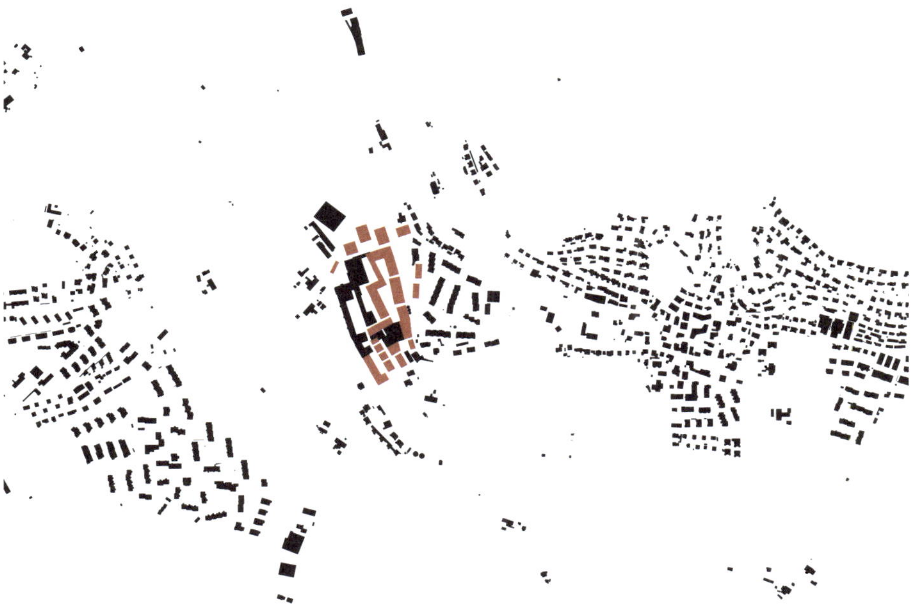

Vision, städtebauliches Gesamtkonzept
Bernapark, Deisswil BE
Vision, general urban concept Bernapark, Deisswil BE

WERKVERZEICHNIS
Auswahl Bauten, Projekte und Wettbewerbe

1996	1	Umbau Haus Kupfergasse 10, Oberhofen am Thunersee BE
		Wettbewerb Schulhaus Gotthelf, Basel
		Lotissement Grand-Saconnex I, Le Grand-Saconnex GE, n.a.
		Etude de faisabilité Centre Communautaire, Versoix GE
		Umbau Dachgeschoss Rötiweg, Herzogenbuchsee BE
		Maison Blanche, plan de quartier, Evilard BE
1997		Wettbewerb Le Cinématographe, Tramelan BE
		Concours Musée d'ethnographie Genève
1996–1997		Maison Rue des Alpes, Aigle VD
		Umbau Haus Untergässli, Oberried BE
		Rénovation maison «Grand famille», Corgémont BE
		Lotissement pour retraités les Tuileries, Bellevue GE, n.a.
1998		Wettbewerb Neubau Büro/Betriebsgebäude GWB, Bern
		Wettbewerb Restaurant Schwellenmätteli, Bern
		Wettbewerb Donau Museum Linz, Österreich
		Wettbewerb Umbau Freie Universität Bozen, Italien (1. Ankauf)
		Wettbewerb LOEB Filiale, Thun BE
		Lotissement à lac d'annecy, France, n.a.
		Umbau Haus Rainmattstrasse 19, Bern
1996–1998		Umbau Haus Junkernbrunnen, Oberried BE
	2	Lotissement Chemin Dottrens, Troinex GE
1999		Umbau Geschäftshaus Walz, Bern
		Wettbewerb Erneuerung Schulhaus Pestalozzi, Bern, 2. Rang
		Concours Cycle d'orientation du Gibloux, Farvagny FR
		Wettbewerb Sperlisacher Rüfenacht, Worb BE
		Wettbewerb Wohnüberbauung Marzili, Bern
		Bootshafen und Badesteg, Oberried BE, n.a.
1998–1999		Umbau Büroräume Amstein+Walthert, Bern
1997–1999		Concours Habitat prototype «Logement du future» Delémont JU, 2. Rang
2000		Wettbewerb Erscheinungsbild Regionalbahnhöfe SBB
		Wettbewerb Schulhaus, Payerne VD
		Concours rénovation théâtre salle de spectacle, Fribourg
		Umbau und Sanierung Turnhalle Schulhaus Statthalter, Bern
		Wettbewerb Spital Psychiatrischer Dienst Interlaken, Unterseen BE, 4. Rang
		Wettbewerb Design Museum Ingolstadt, Deutschland
		Umbau Haus Oberwohlenstrasse, Wohlen BE
		Boutique Chratte, Embrach ZH, n.a.
		Wettbewerb Haus zur Wildnis, Bayrischer Wald, Passau, Deutschland
1999–2000		Umbau Ferienhaus am Quai, Oberried BE, n.a.
		Möblierungskonzept Büroräume Amstein+Walthert, Zürich
		Umbau Apotheke Hirschengraben, Bern
1998–2000	3	Lotissement Grand-Saconnex II, Le Grand-Saconnex GE
2001		Wettbewerb Sporthalle Gotthelf, Thun BE
		Wettbewerb Schulhaus, Schmitten FR
		Wettbewerb Landestopografie swisstopo, Wabern BE
		Machbarkeitsstudie Nationales Pferdezentrum, Bern
1998–2001	4	Wohnüberbauung Quai Oberried, Oberried am Brienzersee BE
2002		Wettbewerb Umbau und Sanierung Hotel Ambassador, Bern
		Wettbewerb Umbau Alters-/Pflegeheim Surses, Savognin GR, 2. Rang
		Wettbewerb Umbau Schulhaus, Oberdorf NW
		Wettbewerb Seminarhotel, Solothurn

1

2

LIST OF WORKS

Selection of buildings, projects and competitions

Year	No.	Work
1996	1	House conversion, Kupfergasse 10, Oberhofen am Thunersee BE
		Competition, Gotthelf school building, Basel
		Grand-Saconnex I estate, Le Grand-Saconnex GE, not constructed
		Feasibility study, community centre, Versoix GE
		Attic conversion, Rötiweg, Herzogenbuchsee BE
		Maison Blanche, urban planning, Evilard BE
1997		Competition, Le Cinématographe, Tramelan BE
		Concours Musée d'ethnographie Genève
1996–1997		Maison Rue des Alpes, Aigle VD
		Untergässli house conversion, Oberried BE
		House renovation, "Grand famille", Corgémont BE
		Les Tuileries housing for the elderly, Bellevue GE, not constructed
1998		Competition, new GWB office/operations building, Bern
		Competition, Schwellenmätteli restaurant, Bern
		Competition, Donau Museum Linz, Austria
		Competition, Bolzano Free University Conversion, Italy, 1st purchase
		Competition, LOEB store, Thun BE
		Lac d'Annecy housing development, France, not constructed
		House conversion, Rainmattstrasse 19, Bern
1996–1998		Conversion, Junkernbrunnen House, Oberried BE
	2	Chemin Dottrens housing, Troinex GE
1999		Office building conversion, Walz, Bern
		Competition, Pestalozzi school building renewal, Bern, 2nd Prize
		Concours, Gibloux secondary school, Farvagny FR
		Competition, Sperlisacher Rüfenacht, Worb BE
		Competition, Marzili housing, Bern
		Harbour and bathing jetty, Oberried BE, not constructed
1998–1999		Office conversion, Amstein+Walthert, Bern
1997–1999		Concours Habitat prototype "Logement du future" Delémont JU, 2nd Prize
2000		Competition, SBB regional railway station appearance
		Competition, school building, Payerne VD
		Concours rénovation théâtre salle de spectacle, Fribourg, 2rd Prize
		Conversion and renewal, Statthalter school gymnasium, Bern
		Competition, Interlaken hospital psychiatric service, Unterseen BE, 4th Prize
		Competition, Ingolstadt Design Museum, Germany
		House conversion, Oberwohlenstrasse, Wohlen BE
		Chratte boutique, Embrach ZH, not constructed
		Competition, "Haus zur Wildnis", Bayrischer Wald, Passau, Germany
1999–2000		Conversion, lakeside vacation house, Oberried BE, not constructed
		Office furniture concept, Amstein+Walthert, Zurich
		Conversion, Hirschengraben pharmacy, Bern
1998–2000	3	Grand-Saconnex II housing estate, Le Grand-Saconnex GE
2001		Competition, Gotthelf sports hall, Thun BE
		Competition, school building, Schmitten FR
		Competition, swisstopo national topography, Kehrsatz BE
		Feasibility study, National Equestrian Centre, Bern
1998–2001	4	Residential development, Quai Oberried, Oberried am Brienzersee BE
2002		Competition, conversion and renovation, Hotel Ambassador, Bern

3

4

2002		Wettbewerb Neubau Universität, Luzern
		Wettbewerb Städtebauliches Strukturkonzept Neugraben-Fischbek, Hamburg, Deutschland
2001–2002		Überbauung und Neugestaltung Dorfplatz, Steffisburg BE (Wettbewerb, 1. Rang), n.a.
		Umbau Pergola Stockackerstrasse 3C, Kehrsatz BE
1998–2002	5	Umbau und Neubau Berghaus Niesen, Niesen Kulm, Mülenen BE (Wettbewerb, 1. Rang)
2003		Umbau Büroräume AWR, Bern
		Concours Foyer de Sécheron, Genève
		Wettbewerb Gemeindehaus Wohlen, Wohlen bei Bern BE
		Haus Rüeggisbühlweg 3, Zuzwil BE
		Mehrfamilienhaus Hohle Gasse 8/10, Spiegel bei Bern BE
		Wettbewerb Alterszentrum Wehntal, Schöfflisdorf ZH, 3. Rang
		Wettbewerb Schulhaus Sprachheilschule, Wabern BE, 2. Rang
		Wettbewerb Brünnen, Bern
		Wettbewerb Glurareal Marzili, Bern, 2. Rang
		Wettbewerb Schulhaus Laubegg, Bern
2004		Wettbewerb Areal Ackerli, Bern
		Wettbewerb Umbau SRG SRR idée suisse, Bern
		Studie Agrarpark Tägermatt, Rubigen BE
2003–2004		Wettbewerb Umbau Universität Von Roll-Areal, Bern, 3. Rang
	6	Umbau Raiffeisenbank, Brienz BE (Wettbewerb, 1. Rang)
	7	Haus Cuno-Amiet-Strasse 57, Herzogenbuchsee BE
2001–2004	8	Lotissement «Choiseul Parc», Versoix GE
2000–2004		Umbau und Erweiterung Hotel Schützen, Brienz BE
2005		Wettbewerb Seniorenresidenz Au Lac, Biel BE
		Wettbewerb Erweiterung Schadausaal, Thun BE
		Wettbewerb Umbau und Erweiterung Oberstufenzentrum, Kerzers FR
		Wettbewerb Umfeld S-Bahn Haltestelle Wankdorf, Bern
		Wettbewerb Klein Matterhorn, Zermatt VS
		Wettbewerb Siedlung/Quartier Neufeld, Thun BE, 2. Rang
2004–2005		Studienauftrag EPFL FSV, Lausanne
2003–2005	9	Kleinbauten im öffentlichen Raum: Lightbox, Bern (Wettbewerb, 1. Rang)
2006		Wettbewerb Dorfzentrum, Oensingen SO, 2. Rang
		Wettbewerb Hauptsitz Losinger Marazzi, Bern
		Studie Restaurant Kleine Schanze, Bern
2005–2006	10	Umbau und Sanierung Restaurant Altes Schloss Bümpliz, Bern
		Haus Ammann Globalbau AG, Hilterfingen BE, n.a.
2004–2006		Umbau Haus Bolligenstrasse 14C, Bern, n.a.
2003–2006		Umbau Löwenscheune, Grosshöchstetten BE, n.a.
1997–2007		Umbau und Sanierung Privatbank Hauptsitz Valiant Bank, Bern
2006–2007		Dorfzentrum Bönigen BE (Wettbewerb, 1. Rang), n.a.
		Umbau Waschhaus Schulheim Ried, Niederwangen BE
2005–2007		Städtebauliches Konzept Wohnpark Pfaffenwies, Schlieren ZH (Wettbewerb, 1. Rang)
2007		Wettbewerb Umbau Areal Emmi, Thun BE
2008		Wettbewerb Hafenanlage Beau-Rivage, Biel BE, 6. Rang

5

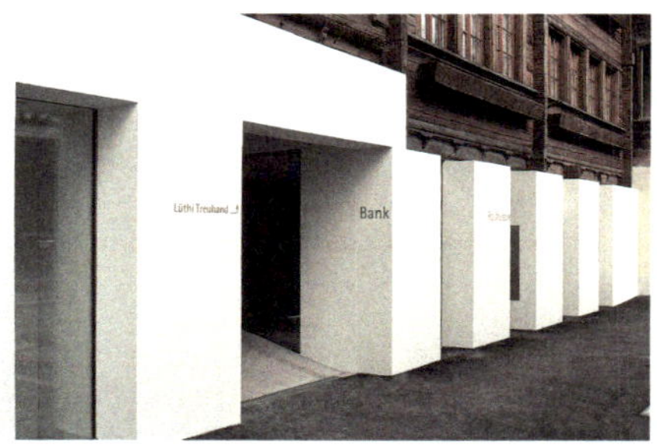

6

7

8

9

10

2002		Competition, Surses retirement and nursing home conversion Savognin GR, 2nd Prize
		Competition, school building conversion, Oberdorf NW
		Competition, seminar hotel, Solothurn
		Competition, new construction, Lucerne University
		Competition, urban planning structural concept, Neugraben-Fischbek, Hamburg, Germany
2001–2002		Development and redesign, village square, Steffisburg BE (competition, 1st Prize)
		Pergola conversion, Stockackerstrasse 3C, Kehrsatz BE
1998–2002	5	Conversion and new construction, Niesen alpine lodge, Niesen Kulm, Mülenen BE (competition, 1st Prize)
2003		Office conversion, AWR, Bern
		Concours Foyer de Sécheron, Genève
		Competition, Wohlen community centre, Wohlen near Bern BE
		House, Rüeggisbühlweg 3, Zuzwil BE
		Apartment building, Hohle Gasse 8/10, Spiegel near Bern BE
		Competition, Wehntal centre for the elderly, Schöfflisdorf ZH, 3rd Prize
		Competition, speech therapy school, Wabern BE, 2nd Prize
		Competition, Brünnen, Bern
		Competition, Glurareal Marzili, Bern, 2nd Prize
		Competition, Laubegg school building, Bern
2004		Competition, Ackerli development, Bern
		Competition, SRG SRR idée suisse conversion, Bern
		Study, Tägermatt agricultural park, Rubigen BE
2003–2004		Competition, Universität Von Roll grounds conversion, Bern, 3rd Prize
	6	Conversion, Raiffeisenbank, Brienz BE (competition, 1st Prize)
	7	House, Cuno-Amiet-Strasse 57, Herzogenbuchsee BE
2001–2004	8	Housing, "Choiseul Parc", Versoix GE
2000–2004		Conversion and extension, Hotel Schützen, Brienz BE
2005		Competition, Au lac retirement home, Biel BE
		Competition, Schadausaal extension, Thun BE
		Competition, conversion and extension, college of further education, Kerzers FR
		Competition, Wankdorf S-Bahn station area, Bern
		Competition, Klein Matterhorn, Zermatt VS
		Competition, Neufeld estate, Thun BE, 2nd Prize
2004–2005		Contracted study, EPFL FSV, Lausanne
2003–2005	9	Small buildings in public space: Lightbox, Bern (competition, 1st Prize)
2006		Competition, village centre, Oensingen SO, 2nd Prize
		Competition, Losinger Marazzi headquarters, Bern
		Study, Kleine Schanze restaurant, Bern
2005–2006	10	Conversion and renovation, Altes Schloss Bümpliz restaurant, Bern
		Ammann Globalbau AG House, Hilterfingen BE, not constructed
2004–2006		House conversion, Bolligenstrasse 14C, Bern, not constructed
2003–2006		Conversion, Löwenscheune, Grosshöchstetten BE, not constructed
1997–2007		Conversion and renovation, Privatbank headquarters, Valiant Bank, Bern

2008 Wettbewerb Lätteren, Zollikofen BE

Wettbewerb Bürogebäude Wankdorf City, Bern, 3. Rang

Wettbewerb Raiffeisenbank, Bern

Wettbewerb Überbauung Brunnmatt-Ost, Bern

Wettbewerb SBB Europaallee Baufeld G, Zürich, 5. Rang

Concours Parlement, Lausanne

Wettbewerb Schloss Humboldt-Forum, Berlin, Deutschland

Concours Maison de la paix, Genève

2007–2008 Wettbewerb Dorfteil Casino Olten, Wangen bei Olten SO

Neubau Haus Panoramaweg 7, Oberdiessbach BE (Wettbewerb, 1. Rang), n.a.

2006–2008 11 Maison Les Grèves, Corcelles-près-Concise VD

2001–2008 Umbau und Sanierung Schulhaus Hochfeld, Bern

11

2009 Wettbewerb Siedlung Graphis, Zofingen AG

Entwicklungsplanung Areal St. Josef, Solothurn

Gesamtplanung Birsbrücke, Laufen BL

Wettbewerb Seniorenpark Weissenau, Unterseen BE

Wettbewerb Ersatzneubauten Zelgli/Höfe Seelandheim, Worben BE

Wettbewerb ZPP Mingerstrasse, Bern

Wettbewerb Stadttheater, Solothurn

2008–2009 Wettbewerb Umbau Retablierungsstelle Zeughaus, Steinhausen ZG

Haus Feldernstrasse 55, Rubigen BE, n.a.

2005–2009 12 Neu- und Umbau Mehrfamilienhaus Bernstrasse 15B/C, Herzogenbuchsee BE

2003–2009 13 Umbau und Sanierung Parlamentsgebäude, Bern (Wettbewerb, 1. Rang)

14 Um- und Neubau Mühleareal, Herbligen BE (Wettbewerb, 1. Rang)

12

2010 Wettbewerb Überbauung Areal Rotmatt, Meggen LU

Wettbewerb Überbauung Areal Webi Ost, Aarburg AG

Wettbewerb Überbauung Areal Zubler Gönhardweg, Aarau

Wettbewerb Städtebauliche Entwicklung, Laupen BE

Concours Haute Ecole fribourgeoise de travail social HEF-TS, Fribourg

Concours Près-Grange, Corsier GE

Ortsplanung Stinisacher, Wünnewil-Flamatt FR

Wettbewerb Erweiterung Verwaltungszentrum Edmond Vaucher, Genève, 3. Rang

2009–2010 Wettbewerb Volksschule Munzinger, Bern, 2. Rang

Wettbewerb Einbau Raiffeisenbank, Herzogenbuchsee BE

Wohnüberbauung Jardin du Paradis, Biel BE, n.a.

Sanierung Mehrfamilienhaus Landoltstrasse 29, Bern

Wettbewerb Verwaltungsgebäude Areal Meielen, Zollikofen BE

Wettbewerb Naturmuseum, St. Gallen

Machbarkeitsstudie Indoorsportzentrum, Thun BE

Villas Bordier Chatton, Collonge-Bellerive GE, n.a.

2006 – 2010 Öffentliche WC-Anlagen, Schützenmatte, Bern

15 Umbau und Sanierung Schulheim Rossfeld, Bern (Wettbewerb, 1. Rang)

2011 Etude de faisabilité transformation et rénovation d'immeuble Av. Bel-Air 93–95, Chêne-Bourg GE

Wettbewerb Industriestrasse, Luzern

Wettbewerb Büro und Wohnen Kirchenweg 2–8, Zürich

Testplanung Schöngrün, Biberist SO

Concours transformation Hôtel de ville, Genève, 4. Rang

13

2006–2007		Village centre, Bönigen BE (competition, 1st Prize), not constructed
		Conversion, Schulheim Ried washhouse, Niederwangen BE
2005–2007		Urban planning concept, Pfaffenwies residential park, Schlieren ZH (competition, 1st Prize)
2007		Competition, Emmi complex conversion, Thun BE
2008		Competition, Beau-Rivage port facility, Biel BE, 6th Prize
		Competition, Lätteren, Zollikofen BE
		Competition, Wankdorf City office building, Bern, 3rd Prize
		Competition, Raiffeisenbank, Bern
		Competition, Brunnmatt-Ost development, Bern
		Competition, Construction Site G, SBB Europaallee, Zurich, 5th Prize
		Concours Parlement Lausanne
		Competition, Humboldt-Forum, Berlin, Germany
		Concours Maison de la paix, Genève
2007–2008		Competition, Casino Olten town area, Wangen near Olten SO
		New house construction, Panoramaweg 7, Oberdiessbach BE (competition, 1st Prize), not constructed
2006–2008	11	Les Grèves house, Corcelles-près-Concise VD
2001–2008		Conversion and renovation, Hochfeld school building, Bern
2009		Competition, Graphis settlement, Zofingen AG
		Development plan, St. Josef area, Solothurn
		General planning, Birsbrücke, Laufen BL
		Competition, Weissenau Senior Citizens Park, Unterseen BE
		Competition, replacement buildings, Zelgli/Höfe Seelandheim, Worben BE
		Competition, ZPP Mingerstrasse, Bern
		Competition, city theatre, Solothurn
2008–2009		Competition, Zeughaus military outfitting centre conversion, Steinhausen ZG
		House, Feldernstrasse 55, Rubigen BE
2005–2009	12	Apartment building conversion and construction, Bernstrasse 15B/C, Herzogenbuchsee BE
2003–2009	13	Conversion and renovation, parliamentary building, Bern (competition, 1st Prize)
	14	Conversion and construction mill site, Herbligen BE (competition, 1st Prize)
2010		Competition, Rotmatt area development, Meggen LU
		Competition, Webi Ost area development, Aarburg AG
		Competition, Zubler Gönhardweg area development, Aarau
		Competition, urban development, Laupen BE
		Concours Haute Ecole fribourgeoise de travail social HEF-TS, Fribourg
		Concours Près-Grange, Corsier GE
		Stinisacher residential development, Wünnewil-Flamatt FR
		Competition, Edmond Vaucher administration centre extension, Genève, 3rd Prize
2009–2010		Competition, Munzinger primary school, Bern, 2nd Prize
		Competition, Raiffeisenbank fittings, Herzogenbuchsee BE
		Residential development, Jardin du Paradis, Biel BE, not constructed
		Apartment building renovation, Landoltstrasse 29, Bern
		Competition, Meielen area administration building, Zollikofen BE
		Competition, Naturmuseum, St. Gallen

14

15

2010–2011 Wettbewerb SBB Europaallee, Baufeld B, Zürich

16 Umbau Haus Schildknechtstrasse 36, Bern

2009–2011 Umbau Mehrfamilienhaus Brunnadernrain 5, Bern

Testplanung Zentrum Wangen, Wangen bei Olten SO

2007–2011 17 Logements CIA Pinchat, Carouge GE (Wettbewerb, 1. Rang)

2006–2011 Umbau und Sanierung Verwaltungszentrum Taubenhalde, Bern (Wettbewerb, 1. Rang), n.a.

16

2012 Machbarkeitsstudie Sanierung und Aufstockung Chemin des Clochettes 20/22/22b, Genève, n.a.

Wettbewerb Neubau Wohnüberbauung Tramdepot Burgernziel, Bern, 4. Rang

Wettbewerb Areal Warmbächliweg, Bern

Wettbewerb Um- und Neubau Erweiterung Bären, Biglen BE, 4. Rang

Machbarkeitsstudie Umbau und Sanierung Chornhuus, Köniz BE

Sanierung und bauliche Optimierung Staatskanzlei, Bern

Testplanung Areal Station Liebefeld Köniz, Liebefeld BE

Wettbewerb Arealentwicklung Rappentöri, Köniz BE, 3. Rang

Wettbewerb Spital Eingangsbereich Inselspital, Bern, 2. Rang

Wettbewerb Arealentwicklung Bahnhof, Schlieren ZH

2011–2012 Wettbewerb Gurten Pavillon, Wabern BE

Wettbewerb Bahnhofquartier, Sion

Zentrumsentwicklung, Walchwil ZG

Machbarkeitsstudie Optimierung Stadttheater, Bern

Wettbewerb Überbauung Areal Züblin, Schlieren ZH

Arealentwicklung Gebiet Löhr, Derendingen SO

2009–2012 18 Umbau und Sanierung Rathaus, Bern

2013 Concours Fondation Nouveau Meyrin Les Vergers, Meyrin GE

Potenzialanalyse Geschäftsgebäude Monbijoustrasse 61, Bern

Concours Conseil Oecuménique des Eglises, Grand-Saconnex GE

Wettbewerb Migros Breitenrain, Bern

Wettbewerb Gesamterneuerung Pflegezentrum Schlössli, Biel BE

Wettbewerb IBA Erlinsbacherstrasse, Aarau, 1. Rang, n.a.

Wettbewerb Wohnüberbauung Ried, Köniz BE, 3. Rang

Wettbewerb Wohnüberbauung Matte, Frauenkappelen BE

2012–2013 Testplanung Hauptbahnhof Bern, Bollwerk, Bern

Wettbewerb Gesamterneuerung Stadttheater, Bern

Wettbewerb Sanierung Hauptsitz UBS, Zürich

2007–2013 Überbauung Schadaugärtnerei, Thun BE (Wettbewerb, 1. Rang), n.a.

17

2014 Wettbewerb Gesamtsanierung Kultur Casino 2020, Bern

Machbarkeitsstudie Umbau und Sanierung Rue Necker 15/17, Genf

Wettbewerb Wohnungsbau Oberes Murifeld, Bern 3. Rang

Umbau Wohnung Hallwylstrasse 44, Bern

Wettbewerb Verwaltungszentrum Sinergia, Chur, 3. Rang

2013–2014 Wettbewerb Meinen-Areal, Bern

2011–2014 Wohnüberbauung Rustmattpark, Deitingen SO, n.a.

2009–2014 19 Wohnüberbauung Aarenau, Aarenaustrasse 20–34, Aarau (Wettbewerb, 1. Rang)

2005–2014 20 Wohnüberbauung Hertenbrünnen, Schliern bei Köniz BE (Wettbewerb, 1. Rang)

18

19

20

Year	No.	Project
2009–2010		Feasibility study, indoor sports centre, Thun BE
		Villas Bordier Chatton Collonge-Bellerive GE, not constructed
2006–2010		Public toilet facilities, Bern
	15	Conversion and renovation, Rossfeld boarding school, Bern (competition, 1st Prize)
2011		Feasibility study, conversion and renovation, building at Av. Bel-Air 93–95, Chêne-Bourg GE
		Competition, Industriestrasse, Lucerne
		Competition, office and living space, Kirchenweg 2–8, Zurich
		Schöngrün Biberist SO
		Concours transformation Hôtel de ville, Genève, 4th Prize
2010–2011		Competition, Construction site B, SBB Europaallee, Zurich
	16	House conversion, Schildknechtstrasse 36, Bern
2009–2011		Apartment building conversion, Brunnadernrain 5, Bern
		Test planning, Wangen town centre, Wangen near Olten SO
2007–2011	17	CIA Pinchat housing, Carouge GE (competition, 1st Prize)
2006–2011		Conversion and renovation, Taubenhalde administration centre, Bern (competition, 1st Prize), not constructed
2012		Feasibility study, renovation and heightening, Chemin des Clochettes 20, 22, 22b, Genève, not constructed
		Competition, Burgernziel tram depot housing development, Bern, 4th Prize
		Competition, Warmbächliweg area, Bern
		Competition, renovation and new construction, Bären extension, Biglen BE, 4th Prize
		Feasibility study, conversion and renovation, Chornhuus, Köniz BE
		Renovation and structural optimisation, State Chancellery, Bern
		Test planning, Liebefeld Köniz Station area, Liebefeld BE
		Competition, Rappentöri area development, Köniz BE, 3rd Prize
		Competition, Inselspital Hospital entrance area, Bern, 2nd Prize
		Competition, railway station area development, Schlieren ZH
2011–2012		Competition, Gurten Pavilion, Wabern BE
		Competition, railway station neighbourhood, Sion
		Centre development, Walchwil ZG
		Feasibility study, city theatre optimisation, Bern
		Competition, Züblin area development, Schlieren ZH
		Löhr area development, Derendingen SO
2009–2012	18	Conversion and renovation, town hall, Bern
2013		Concours, Nouveau Meyrin Foundation, Les Vergers, Meyrin GE
		Analysis of potential, office building, Monbijoustrasse 61, Bern
		Concours Conseil Oecuménique des Eglises, Grand-Saconnex GE
		Competition, Migros Breitenrain, Bern
		Competition, Schlössli nursing centre, complete renewal, Biel BE
		Competition, IBA Erlinsbacherstrasse, Aarau, 1st Prize, not constructed
		Competition, Ried residential development, Köniz BE, 3rd Prize
		Competition, Matte residential development, Frauenkappelen BE
2012–2013		Test planning, Bollwerk central railway station, Bern
		Competition, complete renewal of the city theatre, Bern

21

2015		Concours La Poste, Fribourg
		Wettbewerb Industrieplatz Ost, Neuhausen am Rheinfall SH
		Wettbewerb Restaurant Tierpark Dählhölzli, Bern
		Wettbewerb Gesamtsanierung Verwaltungszentrum Taubenhalde, Bern
		Concours Lotissement Fiches Nord, Place Chauderon 9, Lausanne
		Concours Lotissement Petite Prairie Etape II, Nyon VD, 2. Rang
		Wettbewerb Campus Biel Berner Fachhochschule, Biel BE
2013–2015		Schweizerische Nationalbank, Auslagerungsarbeitsplätze, Prov. AP Laupenstrasse 18, Bern
2014–2015		Wettbewerb Wohnüberbauung Hammerwerke, Worblaufen BE
2012–2015		Etude de faisabilité Patinoire Saint-Léonard, Fribourg
2011–2015	21	Wohnüberbauung Schönberg Ost Baufeld B/E, Bern
2010–2015	22	Transformation et rénovation immeuble de logements Avenue Wendt 4–14, Rue de Lyon 74, Genève
2007–2015	23	Beschläge Kollektion Türdrücker «Genève», Glutz Solothurn
2016		Projektbegleitung Zukunft Bahnhof Bern ZBB, Bern
		Studie Entwicklung Rodtegg, Luzern
		Wettbewerb Umbau und Sanierung Capitol, Kramgasse/Rathausgasse, Bern
		Wettbewerb Clubgebäude Golf Club Interlaken, Unterseen BE
		Testplanung Bahnhofgebiet Südwest, Münchenbuchsee BE
		Wettbewerb Wohnüberbauung Brünnen, Baufeld 5, Bern
2015–2016		Wohnüberbauung Hübeli, Niederwangen BE, n.a.
2015–2016	24	Tischkollektion Rik, Röthlisberger Kollektion, Gümligen BE
2013–2016		Umbau und Sanierung Geschäftshaus Marktgasse 63–65, Bern
2005–2016	25	Immeubles de logements Labo Golette, Meyrin GE (Wettbewerb, 1. Rang)
2017		Testplanung Oberstrasse/Bernstrasse, Herzogenbuchsee BE
		Städtebauliche Studie Stadtraum Bahnhof 2017, Bern
		Wettbewerb Umbau und Sanierung Entwicklung Migros Marktgasse, Bern
		Wettbewerb SBB Bubenbergzentrum, Bern
2016–2017		Umbau Markthalle, Gastronomie und Event, Bubenbergplatz 9, Bern, n.a.
2016–2017		Umbau Restaurant Löwen, Münchenbuchsee BE, n.a.
2015–2017		Machbarkeitsstudie Bitziusstrasse Süd, Herzogenbuchsee BE
2014–2017		Sanierung Haus Zinggstrasse 16, Bern
2012–2017		Restaurierung und Sanierung Wandelhalle Parlamentsgebäude, Bern
2012–2017	26	Erneuerung Stadttheater, Langenthal BE (Wettbewerb, 1. Rang)
2018		Wettbewerb Pflegezentrum Schlössli, Pieterlen BE
		Wettbewerb Entwicklung Areal Felsenau, Bern
		Studie Hofbebauung Bankgässchen, Bern
		Wettbewerb Umnutzung Büroliegenschaft Sägestrasse, Köniz BE
		Arealentwicklung Gueter-/Saegetstrasse, Belp BE, n.a.
		Wettbewerb Siedlung «Holliger» Baubereiche Q3/U3, Bern
2013–2018	27	Um- und Neubau Jugendherberge, Bern (Wettbewerb, 1. Rang)
2007–2018		«Stehleuchter» Monolicht, Winterthur ZH
2006–2018	28	Neubau Wohnüberbauung Areal Wendelsee, Oberhofen am Thunersee BE (Wettbewerb, 1. Rang)

22

23

24

25

26

27

28

2012–2013		Competition, UBS Zurich headquarters renovation
2007–2013		Schadaugärtnerei development, Thun BE (competition, 1st Prize), not constructed
2014		Competition, Kultur Casino 2020 complete renovation, Bern
		Feasibility study, conversion and renovation, Rue Necker 15/17, Geneva
		Competition, Oberes Murifeld new residential construction, Bern, 3rd Prize
		Apartment conversion, Hallwylstrasse 44, Bern
		Competition, Sinergia administration centre, Chur, 3rd Prize
2013–2014		Competition, Meinen area, Bern
2011–2014		Rustmattpark area, new construction, Deitingen SO, not constructed
2009–2014	19	Aarenau residential development, Aarenaustrasse 20–34, Aarau (competition, 1st Prize)
2005–2014	20	Hertenbrünnen new residential development, Schlieren near Köniz BE (competition, 1st Prize)
2015		Concours La Poste, Fribourg
		Competition, Industrieplatz Ost, Neuhausen am Rheinfall SH
		Competition, Tierpark Dählhölzli restaurant, Bern
		Competition, Taubenhalde administration centre, complete renovation, Bern
		Concours Lotissement Fiches Nord, Place Chauderon 9, Lausanne
		Concours Lotissement Petite Prairie Etape II, Nyon VD, 2nd Prize
		Competition, Bern University of Applied Sciences, Biel BE
2013–2015		Schweizerische Nationalbank, outsourcing workplaces, Prov. AP Laupenstrasse 18, Bern
2014–2015		Competition, Hammerwerke residential development, Worblaufen BE
2012–2015		Etude de faisabilité Patinoire Saint-Léonard, Fribourg
2011–2015	21	Schönberg Ost construction sites B/E, new residential development, Bern
2010–2015	22	Transformation et rénovation immeuble de logements Avenue Wendt 4–14, Rue de Lyon 74, Genève
2007–2015	23	Door handle hardware collection, Geneva
2016		Project supervision, "Bern Future Station", ZBB, Bern
		Study, Rodtegg development, Lucerne
		Competition, Capitol conversion and renovation, Kramgasse/Rathausgasse, Bern
		Competition, club building, Interlaken Golf Club, Unterseen BE
		Text planning, south-west station area, Münchenbuchsee BE
		Competition, Brünnen construction site 5, Bern
2015–2016		Hübeli housing construction, Niederwangen, BE, not constructed
2015–2016	24	Rik table collection, Röthlisberger Kollektion, Gümlingen BE
2013–2016		Office building conversion and renovation, Marktgasse 63–65, Bern
2005–2016	25	Immeubles de logements Labo Golette, Meyrin GE (competition, 1st Prize)
2017		Test planning, Oberstrasse/Bernstrasse, Herzogenbuchsee BE
		Urban-planning study, station district 2017, Bern

2019		Studienauftrag Stadthof, Schützengasse 4, Zürich
		Wettbewerb Zentrale Verwaltung Seetalplatz, Emmen LU
		Studie Stadtraum Bahnhof, Hirschengraben – Bubenbergplatz – Bahnhofplatz, Bern
		Machbarkeitsstudie Bitziusstrasse Nord, Herzogenbuchsee BE
		Wettbewerb Gesamtentwicklung Psychiatriezentrum Münsingen BE
2018–2019	29	Umbau Markthalle Transa Bubenbergplatz 9, Bern
2018–2019	30	Umbau Casinoplatz 2, Asino il bar, Bern
2017–2019	31	Neubau Öffentliche WC-Anlage Mühleplatz, Bern
2017–2019		Machbarkeitsstudie Geschäftshaus Bubenbergplatz 9, Bern
2015–2019		Wohnüberbauung Buchsiguet, Biblisweg, Herzogenbuchsee BE, n.a.
2005–2019		Umbau und Erweiterung Büroräume Monbijoustrasse 61, Bern
2019–2020		Umbau Haus Trechselstrasse 8, Bern

29

30

2017		Competition, Migros Marktgasse conversion and renovation, Bern
		Competition, SBB Bubenbergzentrum, Bern
2016–2017		Conversion, covered market, gastronomic services and events, Bubenbergplatz 9, Bern, not constructed
2016–2017		Conversion, Löwen restaurant, Münchenbuchsee BE
2015–2017		Feasibility study, Bitziusstasse Süd, Herzogenbuchsee BE
2014–2017		House renovation, Zinggstrasse 16, Bern
2012–2017		Restoration and renovation, Wandelhalle, parliamentary building, Bern
2012–2017	26	City theatre renewal, Langenthal BE (competition, 1st Prize)
2018		Competition, Schlössli nursing centre, Pieterlen BE
		Competition, Felsenau area development, Bern
		Study, Bankgässchen courtyard development, Bern
		Competition, conversion, office real estate, Sägestrasse, Köniz BE
		Gueter-/Saegetstrasse area development, Belp BE, not constructed
		Competition, "Holliger" estate, building sites Q3/U3, Bern
2013–2018	27	Youth hostel conversion and new construction, Bern, competition, 1st Prize
2007–2018		"Stehleuchter" Mondlicht, Winterthur ZH
2006–2018	28	New construction, Wendelsee area residential development, Oberhofen am Thunersee BE (competition, 1st Prize)
2019		Contracted study, urban courtyard, Schützengasse 4, Zurich
		Competition, Seetalplatz central administration, Emmen LU
		Study, station district, Hirschengraben – Bubenbergplatz – Bahnhofplatz, Bern
		Feasibility study, Bitziusstrasse, Herzogenbuchsee BE
		Competition, overall development, psychiatric centre, Münsingen BE
2018–2019	29	Conversion, Transa covered market, Bubenbergplatz 9, Bern
2018–2019	30	Conversion Casinoplatz 2, Asino il bar, Bern
2017–2019	31	New public toilet facilities, Mühleplatz, Bern
2017–2019		Feasibility study, commercial building, Bubenbergplatz 9, Bern
2015–2019		Buchsiguet housing development, Biblisweg, Herzogenbuchsee BE, not constructed
2005–2019		Conversion and extension, offices, Monbijoustrasse 61, Bern
2019–2020		House conversion, Trechselstrasse 8, Bern

31

2019–2020		Quartierplan Untere Binen, Naters VS
2019–2020		Städtebauliches Gesamtkonzept Bernapark, Kartonfabrik Deisswil BE
2019–2020		Masterplan Gemeinde Naters VS
2019–2020		Umbau Haus Rainmattstrasse 11, Bern
2018–2020		Erweiterung Areal Stadion Wankdorf, Bern
2015–2021		Masterplan Bahnhofareal, Herzogenbuchsee BE
2019–2021		Erweiterung Tischkollektion Rik, Röthlisberger Kollektion, Gümligen BE
2019–2021		Umbau Casinoplatz 2, Restaurant, Bern
2020–2021		Umbau Haus Luisenstrasse 26, Bern
2020–2021		Quartierplan Saltina, Brig-Glis VS
2018–2022		Zentrumsentwicklung, Vordemwald AG (Wettbewerb, 1. Rang)
2019–2022		Erneuerung Schützenfahrbrücke, Belp BE
2018–2021		Machbarkeitsstudie Im Schermen CSL Bering, Bern
2017–2025		Wohnüberbauung Station, Oberwangen BE
2013–2023		Concours Logements «Le Gottau», Châtel-St-Denis FR (Wettbewerb, 1. Rang)
2009–2022		Umbau und Ersatzneubau Pflegezentrum Tilia Elfenau, Bern, (Wettbewerb, 1. Rang)
2012–2024	32	Gesamtsanierung Schweizerische Nationalbank, Bern (Wettbewerb, 1. Rang)
2013–2024	33	Rénovation Tour de la Bâloise, Place de la Gare 5, Fribourg
2016–2022		Ersatzneubauten Mehrfamilienhäuser Schulhausstrasse 27, Zollikofen BE (Wettbewerb, 1. Rang)
2017–2022		Ersatzneubau Hotel Astoria, Zieglerstrasse 66, Bern
2017–2023		Personenunterführung und Bahnhofplätze Ost/West, Herzogenbuchsee BE
2019–2023		Umbau und Sanierung Eidgenössische Zollverwaltung, Bern (Wettbewerb, 1. Rang)
2019–2023		Stuhl für Horgenglarus, Glarus
2009–2023	34	Gesamtsanierung Hauptbahnhof Zürich Südtrakt, Zürich (Wettbewerb, 1. Rang)
2020–2024		Überbauung Bahnhofstrasse 11–13, Naters VS
2018–2024		Umnutzung und Erweiterung Rhonemühle, Naters VS
2015–2024		Büro- und Produktionsgebäude CSL Bering, Wankdorfstrasse 10, Bern
2014–2024		Neubau Überbauung Dükerweg, Steffisburg BE (Wettbewerb, 1. Rang)
2018–2026		Velostation Hirschengraben, Bubenbergplatz, Bern
2016–2026		Wohnüberbauung Flo + Fleur, Thomasweg, Liebefeld BE (Wettbewerb, 1. Rang)
2009–2026	35	Neubau, Umbau und Sanierung Verwaltungszentrum Guisanplatz, Bern (Wettbewerb, 1. Rang)
2019–2030		Umnutzung Industriequartier Bahnhof West, Herzogenbuchsee BE
2019–2030		ESP Bahnhof, Geiserareal, Langenthal BE (Wettbewerb, 1. Rang)
2020–2025		Sanierung und Erweiterung Überbauung Kleegärten, Visp VS
2020–2024		Wohnüberbauung Winigenstrasse 31, Burgdorf BE

32

33

Current projects

2019–2020		Urban master plan, Untere Binen, Naters VS
2019–2020		General urban concept Bernapark, cardboard factory, Deisswil BE
2019–2020		Masterplan Municipality of Naters VS
2019–2020		House conversion Rainmattstrasse 11, Bern
2018–2020		Extension, Wankdorf stadium area, Bern
2015–2021		Masterplan station site, Herzogenbuchsee BE
2019–2021		Extension, Rik table collection, Röthlisberger Kollektion, Gümligen BE
2019–2020		Conversion, Casinoplatz 2, restaurant, Bern
2020–2021		House conversion, Luisenstrasse 26, Bern
2020–2021		Saltina neighbourhood plan, Brig-Glis VS
2018–2022		Centre development, Vordemwald AG (competition, 1st Prize)
2019–2022		Renewal, Schützenfahrbrücke, Belp BE
2018–2021		Feasibility study, Im Schermen CSL Berlin, Bern
2017–2025		Residential development, station, Oberwangen BE
2013–2023		Concours, "Le Gottau" housing, Châtel-St-Deni FR (competition, 1st Prize)
2009–2022		Conversion, replacement building, Tilia Elfenau nursing centre, Bern (competition, 1st Prize)
2012–2024	32	Overall renovation, Schweizerische Nationalbank, Bern (competition, 1st Prize)
2013–2024	33	Rénovation Tour de la Bâloise, Place de la Gare 5, Fribourg
2016–2022		Replacement apartment buildings, Schulhausstrasse 27, Zollikofen BE (competition, 1st Prize)
2017–2022		Replacement building, Hotel Astoria, Zieglerstrasse 66, Bern
2017–2023		Pedestrian underpass and east/west station squares, Herzogenbuchsee BE
2019–2023		Conversion and renovation, Eidgenössische Zollverwaltung, Bern (competition, 1st Prize)
2019–2023		Chair for Horgenglarus, Glarus
2009–2023	34	Overall renewal, Zurich central station, southern wing, Zurich (competition, 1st Prize)
2020–2024		Bahnhofstrasse 11–13 development, Naters VS
2018–2024		Conversion and extension, Rhonemühle, Naters VS
2015–2024		Office and production building, CSL Bering, Wankdorfstrasse 10, Bern
2014–2024		New Dükerweg development, Steffisburg BE (competition, 1st Prize)
2018–2026		Hirschengraben bicycle station, Bubenbergplatz, Bern
2016–2026		Flo + Fleur housing development, Thomasweg, Liebefeld BE (competition, 1st Prize)
2009–2026	35	New construction, conversion and renovation, Guisanplatz administrative centre, Bern, (competition, 1st Prize)
2019–2030		Conversion, Bahnhof West industrial estate, Herzogenbuchsee BE
2019–2030		ESP station, Geiserareal, Langenthal BE (competition, 1st Prize)
2020–2025		Renovation and extension, Kleegärten development, Visp VS
2020–2024		Housing development, Winigenstrasse 31, Burgdorf BE

34

35

BERNHARD AEBI
Architekt BSA SIA FSAI

14. 01. 1963	Geboren in Langnau BE
1980–1984	Lehre als Hochbauzeichner
1988	Diplom in Architektur an der Ingenieurschule in Burgdorf
1989–1996	Mitarbeiter im Atelier 5 in Bern
1996	Gründung Aebi & Vincent Architekten SIA AG | Architectes SIA SA
1997	Eintrag ins Register A und Mitglied bei SIA
2005	Mitglied bei FSAI
2018	Mitglied BSA

PASCAL VINCENT
Architecte BSA SIA FSAI

28. 03. 1964	Geboren in Genf GE
1981–1985	Ecole technique supérieure Genève – ETS
1989	Diplom in Architektur an der Ecole polytechnique fédérale de Lausanne
1990–1996	Mitarbeiter im Atelier 5 in Bern
1996	Gründung Aebi & Vincent Architekten SIA AG | Architectes SIA SA
1997	Eintrag ins Register A und Mitglied bei SIA
2005	Mitglied bei FSAI
2018	Mitglied BSA

ASSOCIATE PARTNER

Doris Baumann, Vanessa Binggeli, Lukas Mathis, Dirk Monson, Philipp Morf, Richard Moser, Marcel Scherrer, Stefan Schmid, Can Serman, Antonio Tornay

BERNHARD AEBI
Architect BSA SIA FSAI

14.01.1963	Born in Langnau BE
1980–1984	Apprenticeship as a draughtsman
1988	Graduated in Architecture at the Ingenieurschule in Burgdorf
1989–1996	Employed at Atelier 5 in Bern
1996	Founded Aebi & Vincent Architekten SIA AG | Architectes SIA SA
1997	Entry in Register A, SIA member
2005	FSAI member
2018	BSA member

PASCAL VINCENT
Architect BSA SIA FSAI

28.03.1964	Born in Geneva GE
1981–1985	Studied at the Ecole technique supérieure Genève – ETS
1989	Graduated in Architecture at the Ecole polytechnique fédérale de Lausanne
1990–1996	Employed at Atelier 5 in Bern
1996	Founded Aebi & Vincent Architekten SIA AG | Architectes SIA SA
1997	Entry in Register A, SIA member
2005	FSAI member
2018	BSA member

ASSOCIATE PARTNERS

Doris Baumann, Vanessa Binggeli, Lukas Mathis, Dirk Monson, Philipp Morf, Richard Moser, Marcel Scherrer, Stefan Schmid, Can Serman, Antonio Tornay

MITARBEITENDE

Guido Adam, Oana Albutiu, Valeria Alebbi, Joachim Altmann, Katharina Altwein, Vinzenz Bangerter, Livia Bienz, Jeannine Blank, Selina Blaser, Ian Braun, Marlon Claudio Braunwalder, Eric Briner, Pitt Buchmüller, Dieter Buri, Mirjam Böhlen, Nadja K. Bützer, Nicolas Chollet, Mark Drewanowski, Lino Dumont, Samuel Eggenschwiler, Nicole Eicher, Liliana Eres, Simon Fankhauser, Matthias Feiss, Brigitte Flückiger, Marco Fontana, Kim Franzen, Jennifer Garrido Costa, Daniel Gerber, Stefan Gerber, Franziska Gerlach, Andreas Gilgen, Natalia Gromowik, Clara Haarmann, Andrew Hall, Thea Hauser, Gabriel Herbert, Doris Hostettler, Manuel Huber, Anita Jaun, Magnus Jordi, Deborah Kagerbauer, Serkan Kiziltoprak, Isabelle Klaus, Frederike Kluth, Livio Knaupp, Patrizia Knaus, Fiona Kohler, Andrea Lauener, Céline Leist, Michael Lengacher, Léon Leuba, Anna Lindow, Martina Loosli, Monika Meister, Antonio Merone, Peter Messerli, Tim F. Meyer, Eva Ming, Michael Mohr, Mario Moor, Alexandra Müller-Bapst, Dario Lucas Oesch, Florian Oesch, Marius Perler, Vanessa Raho, Patrick Rickli, Felix Xaver Rittiner, Barbara Rodrigues, Naila Sabotic, Pascal Schmidhalter, Stephanie Schweingruber, Karin Schärer, Victoria Simancas, Stefanie Stammer, Anita Stucki, Stefanie Studer, Tibor Söregi, Noah Thalmann, Clara Thangarajah, Selaudin Useini, Rocio Valdés Correcher, Gabriel Vieira, Yves Wanger, Bernadette Werlen, Beat Willen, Barbara Wyssmüller, Cynthia Yulianto, David Zahnd, Valeria Zamora Marco, Stanimir Zhelyazkov, Erich Zürcher, Sascha Zürcher

EHEMALIGE MITARBEITENDE

Hanswerner Abplanalp, Lionel Ackermann Daniel Affolter, Peter Affolter, Wiebke Ahues, Lara Akengin, Necla Alkoç, Cris Alpstäg, Susanne E. Altermatt, Hans Althaus, Fabrice Amstad, Lorela Arapi, Marta Bardelli, Natascha Beck, Lena Beckervordersandforth, Yves Beetschen, Annette Beier Wannheden, Larissa Bernasconi, Karin Bernegger, Amelie Bethge, Reto Bichsel, Virginie Blanquet, Aria Blumenau, Nicole Boesen, Ronny Bolla, Karolina Bonowicz, Kurt Borner, Thomas Brenner, Heinz Briner, Agnieszka Broda, Sönke Brügmann, Damian Brülhart, Elmar Bumann, Sophie Bunge, Barbara Elisabeth Burckhardt, Petra Burkhard, Jan Busch, Sarah Bähler, Pedro Cardoso, Denise Cetin, Marianne Isabelle Christen, Miradê Omerî Chîya, Angelo Comina, Jérôme Comment, Ana Paloma Covantes, Paula Cuervo Tuero, Christophe Dargent, Ivan De Simone, Daniel Deering, Anna C. Di Fede, Brigitte Di Giorgi Tschannen, Claudia Di Palma, Christine Diewitz Jäger, Berkay Dirlik, Jan Dubach, Brigitte Eichenberger, Jan Eicher, Therese Fankhauser, Marco Fedier, Dedy Fenitania, Maria Fernandez, Thomas Foitzik, Andrin Frei, Sarah Furter, Alicia Garcia Conde, Pepe Garcia-Ruiz, Vidhee Garg, Maria Gaspar, Ivan Godinat, Giorgia Grizzi, Elisa Grossi, Rahel Guggisberg, David Gurtner, Morgana Guzman, Lea Götschi, Stephen Hagmann, Louise Toft Hansen, Jean-Baptiste Hardy, Marcel Hari, Juliane Hasda, Pierre-Edouard Hefti, Cornelia Heider, Christian Heller, René Herger, Mark Nicolas Herrmann, Viviane Hersche, Benjamat Hess, Raphael Heusser, Jana Hodel, Philip Holzborn, Sabrina Härri, Franziska Jaggi, Simon Jaggi, Maciej Janikowski, Manuela Jordi, Philipp Kaderli, Karola Kamp, René Kaderli, Amritha Karnakar, Arion Katana, Lorraine Kehrli, Fabrice Klaus, David John Klein, Daniel Klemp, Nadine Kloter-Berchier, Luzia Kocher, Maria Kouvari, David Kretz, Joanna Kwiatkowska, Thomas Küng, Albert Künti, Steffen Kürz, Jonas Leibundgut, Roberto Leuenberger, Laura Lingen, Stéphane M. Lippitsch, Tamara Longo, Silvano Loreggia, Joëlle Lévy, Anita Lüthi, Michelle Lüthi, Fabio Madia, Mélanie Maraboli, Filipe Marques, Thomas Marr, Bruno Marti, Elisa Mathis, Melanie Mathys, Ralph Mathys, Olivier Matthey, Katharina Matz, Koen Maurer, Salvatore Merola, Jasmin Merz, Christoph Meyer, Heinz Meyer, Renate Meyer-Zbinden, Fabian Michel, Jasmine Michel, Vincent Michel, Adrianna Mikoś, Alessandro Monfregola, Samuel Métraux, Noah Müller, Raffael Niklaus, Bettina Nydegger, Aparna Parikh, Peter Barthold Pauli, Francisco Pereira, Sandra Perler, Maired Petzoldt, Franziska Prell, Muriel Probst, Sabrina Pulver, Alexander Radulow, Raquel Rauen Graf, Fatima Azzahra Regragui, Beatrice Ines Reinle, Max Riedi, Lenita Rivera Vieira, Richard Robatel, Jasper Roggli, Ojars Sablovskis, Jörg Samland, Karer Sarikaya, Luca Schaffner, Roger Scheidegger, Sven Scherer, Samuel Schlichting, Hans-Ulrich Schläfli, Marlene Schmid, Philipp Schmid, Selina Schmidek, Günther Schmiedichen, Olivier Schmitt, Marc Schmutz, Tanja Schmutz-Lauper, Iwan Schröder, Samuel Schwarz, Sandra Natalie Schär, Nelli Seibel, Elena Sevinç, Benoît Sierro, Freni Sinnavan-Logeswaran, Tatiana Speranca, Helen Spilker, Jessica Staal, Stéphanie Stauffer, Christian Stettler, Manuela Stettler, Ralph Stoian, Sybille Stoklossa, Natalia Strezik, Gabriela Stucki, Thomas Telley, Sarah Tenthorey, Ida Marie Thonsgaard Pedersen, Nadia Thémans, Isabelle Ulrich, Serkam Ulukütük, Charlotte Unternährer-Epprecht, Leander Urbanczyk, Paula Valenzuela, Johanna Veith, Patric P. A. Verbeek, Sergio Vieira, Marcos Villar, Franz Vogel, Céline von Känel, Michael Waeber, Dominic Walther, Natalia Wawrzyniak, Vera Wehrle, Sébastien Wehrli, Maximilian Wellner, Nik Werenfels, Reto Weyeneth, Malwina Wiecha, Flavia Willier, Maximilian A. Willier, Helene Zach Vonesch, Ingrid Zumstein, Marianne Zurbrügg, Micha Zwahlen

KÜNSTLER Adrian Scheidegger

FOTOGRAFEN Alexander Jaquemet, Adrian Scheidegger, Thomas Telley

EMPLOYEES

Guido Adam, Oana Albutiu, Valeria Alebbi, Joachim Altmann, Katharina Altwein, Vinzenz Bangerter, Livia Bienz, Jeannine Blank, Selina Blaser, Ian Braun, Marlon Claudio Braunwalder, Eric Briner, Pitt Buchmüller, Dieter Buri, Mirjam Böhlen, Nadja K. Bützer, Nicolas Chollet, Mark Drewanowski, Lino Dumont, Samuel Eggenschwiler, Nicole Eicher, Liliana Eres, Simon Fankhauser, Matthias Feiss, Brigitte Flückiger, Marco Fontana, Kim Franzen, Jennifer Garrido Costa, Daniel Gerber, Stefan Gerber, Franziska Gerlach, Andreas Gilgen, Natalia Gromowik, Clara Haarmann, Andrew Hall, Thea Hauser, Gabriel Herbert, Doris Hostettler, Manuel Huber, Anita Jaun, Magnus Jordi, Deborah Kagerbauer, Serkan Kiziltoprak, Isabelle Klaus, Frederike Kluth, Livio Knaupp, Patrizia Knaus, Fiona Kohler, Andrea Lauener, Céline Leist, Michael Lengacher, Léon Leuba, Anna Lindow, Martina Loosli, Monika Meister, Antonio Merone, Peter Messerli, Tim F. Meyer, Eva Ming, Michael Mohr, Mario Moor, Alexandra Müller-Bapst, Dario Lucas Oesch, Florian Oesch, Marius Perler, Vanessa Raho, Patrick Rickli, Felix Xaver Rittiner, Barbara Rodrigues, Naila Sabotic, Pascal Schmidhalter, Stephanie Schweingruber, Karin Schärer, Victoria Simancas, Stefanie Stammer, Anita Stucki, Stefanie Studer, Tibor Söregi, Noah Thalmann, Clara Thangarajah, Selaudin Useini, Rocio Valdés Correcher, Gabriel Vieira, Yves Wanger, Bernadette Werlen, Beat Willen, Barbara Wyssmüller, Cynthia Yulianto, David Zahnd, Valeria Zamora Marco, Stanimir Zhelyazkov, Erich Zürcher, Sascha Zürcher

FORMER EMPLOYEES

Hanswerner Abplanalp, Lionel Ackermann, Daniel Affolter, Peter Affolter, Wiebke Ahues, Lara Akengin, Necla Alkoç, Cris Alpstäg, Susanne E. Altermatt, Hans Althaus, Fabrice Amstad, Lorela Arapi, Marta Bardelli, Natascha Beck, Lena Beckervordersandforth, Yves Beetschen, Annette Beier Wannheden, Larissa Bernasconi, Karin Bernegger, Amelie Bethge, Reto Bichsel, Virginie Blanquet, Aria Blumenau, Nicole Boesen, Ronny Bolla, Karolina Bonowicz, Kurt Borner, Thomas Brenner, Heinz Briner, Agnieszka Broda, Sönke Brügmann, Damian Brülhart, Elmar Bumann, Sophie Bunge, Barbara Elisabeth Burckhardt, Petra Burkhard, Jan Busch, Sarah Bähler, Pedro Cardoso, Denise Cetin, Marianne Isabelle Christen, Miradê Omerî Chîya, Angelo Comina, Jérôme Comment, Ana Paloma Covantes, Paula Cuervo Tuero, Christophe Dargent, Ivan De Simone, Daniel Deering, Anna C. Di Fede, Brigitte Di Giorgi Tschannen, Claudia Di Palma, Christine Diewitz Jäger, Berkay Dirlik, Jan Dubach, Brigitte Eichenberger, Jan Eicher, Therese Fankhauser, Marco Fedier, Dedy Fenitania, Maria Fernandez, Thomas Foitzik, Andrin Frei, Sarah Furter, Alicia Garcia Conde, Pepe Garcia-Ruiz, Vidhee Garg, Maria Gaspar, Ivan Godinat, Giorgia Grizzi, Elisa Grossi, Rahel Guggisberg, David Gurtner, Morgana Guzman, Lea Götschi, Stephen Hagmann, Louise Toft Hansen, Jean-Baptiste Hardy, Marcel Hari, Juliane Hasda, Pierre-Edouard Hefti, Cornelia Heider, Christian Heller, René Herger, Mark Nicolas Herrmann, Viviane Hersche, Benjamat Hess, Raphael Heusser, Jana Hodel, Philip Holzborn, Sabrina Härri, Franziska Jaggi, Simon Jaggi, Maciej Janikowski, Manuela Jordi, Philipp Kaderli, Karola Kamp, René Kaderli, Amritha Karnakar, Arion Katana, Lorraine Kehrli, Fabrice Klaus, David John Klein, Daniel Klemp, Nadine Kloter-Berchier, Luzia Kocher, Maria Kouvari, David Kretz, Joanna Kwiatkowska, Thomas Küng, Albert Künti, Steffen Kürz, Jonas Leibundgut, Roberto Leuenberger, Laura Lingen, Stéphane M. Lippitsch, Tamara Longo, Silvano Loreggia, Joëlle Lévy, Anita Lüthi, Michelle Lüthi, Fabio Madia, Mélanie Maraboli, Filipe Marques, Thomas Marr, Bruno Marti, Elisa Mathis, Melanie Mathys, Ralph Mathys, Olivier Matthey, Katharina Matz, Koen Maurer, Salvatore Merola, Jasmin Merz, Christoph Meyer, Heinz Meyer, Renate Meyer-Zbinden, Fabian Michel, Jasmine Michel, Vincent Michel, Adrianna Mikoś, Alessandro Monfregola, Samuel Métraux, Noah Müller, Raffael Niklaus, Bettina Nydegger, Aparna Parikh, Peter Barthold Pauli, Francisco Pereira, Sandra Perler, Maired Petzoldt, Franziska Prell, Muriel Probst, Sabrina Pulver, Alexander Radulow, Raquel Rauen Graf, Fatima Azzahra Regragui, Beatrice Ines Reinle, Max Riedi, Lenita Rivera Vieira, Richard Robatel, Jasper Roggli, Ojars Sablovskis, Jörg Samland, Karer Sarikaya, Luca Schaffner, Roger Scheidegger, Sven Scherer, Samuel Schlichting, Hans-Ulrich Schläfli, Marlene Schmid, Philipp Schmid, Selina Schmidek, Günther Schmiedichen, Olivier Schmitt, Marc Schmutz, Tanja Schmutz-Lauper, Iwan Schröder, Samuel Schwarz, Sandra Natalie Schär, Nelli Seibel, Elena Sevinç, Benoît Sierro, Freni Sinnavan-Logeswaran, Tatiana Speranca, Helen Spilker, Jessica Staal, Stéphanie Stauffer, Christian Stettler, Manuela Stettler, Ralph Stoian, Sybille Stoklossa, Natalia Strezik, Gabriela Stucki, Thomas Telley, Sarah Tenthorey, Ida Marie Thonsgaard Pedersen, Nadia Thémans, Isabelle Ulrich, Serkam Ulukütük, Charlotte Unternährer-Epprecht, Leander Urbanczyk, Paula Valenzuela, Johanna Veith, Patric P. A. Verbeek, Sergio Vieira, Marcos Villar, Franz Vogel, Céline von Känel, Michael Waeber, Dominic Walther, Natalia Wawrzyniak, Vera Wehrle, Sébastien Wehrli, Maximilian Wellner, Nik Werenfels, Reto Weyeneth, Malwina Wiecha, Flavia Willier, Maximilian A. Willier, Helene Zach Vonesch, Ingrid Zumstein, Marianne Zurbrügg, Micha Zwahlen

ARTIST Adrian Scheidegger

PHOTOGRAPHERS Alexander Jaquemet, Adrian Scheidegger, Thomas Telley

AUSZEICHNUNGEN

2003	*ATU – PRIX 2003* Bernischer Kulturpreis für Architektur, Technik und Umwelt, Umbau und Neubau Berghaus Niesen, Mülenen BE *swiss architects*, 33/2003: «Bau der Woche – Plattform der Ruhe», Umbau und Neubau Berghaus Niesen, Mülenen BE
2006	*Neues Bauen in den Alpen – Architekturpreis 2006*, Umbau und Neubau Berghaus Niesen, Mülenen BE *Goldene Spenglerarbeit*, Umbau und Neubau Berghaus Niesen, Mülenen BE
2009	*Prix Lumière*, 3. Platz, Schweizer Lichtgesellschaft SRG, Umbau und Sanierung Parlamentsgebäude Bern
2010	*swiss architects*, 27/2010: «Bau der Woche – Mit Quartierqualität», Neu- und Umbau Mehrfamilienhaus Bernstrasse 15B/C, Herzogenbuchsee BE *Nominierung Designpreis Deutschland 2011*, Kleinbauten im öffentlichen Raum: Lightbox, Bern *red dot award*, product design, Kleinbauten im öffentlichen Raum: Lightbox, Bern *best architects 11 award*, Um- und Neubau Mühleareal, Herbligen BE *Dr. Jost Hartmann Preis*, Umbau und Sanierung Parlamentsgebäude, Bern
2011	Nominierung *Daylight Award 2012* – Neu- und Umbau Mehrfamilienhaus Bernstrasse 15B/C, Herzogenbuchsee *Rat für Formgebung, Designpreis Deutschland*, Nominierung, Kleinbauten im öffentlichen Raum: Lightbox, Bern
2012	*Daylight Award*, Nominierung, Velux Stiftung, Neu- und Umbau Mehrfamilienhaus Bernstrasse 15B/C, Herzogenbuchsee
2014	*ICONIC AWARD*, product winner, Beschläge Kollektion Türdrücker Genève, Glutz Solothurn
2015	*German Design Award*, SPECIAL MENTION, Beschläge Kollektion Türdrücker Genève, Glutz Solothurn
2018	*best architects 19 award*, Innenausbau, Erneuerung Stadttheater Langenthal BE *best architects 19 award*, Gewerbe- und Industriebauten, Um- und Neubau Jugendherberge Bern *swiss architects*, 48/2018: «Bau der Woche – Quartierqualität», Um- und Neubau Jugendherberge Bern
2019	*best architects 20 award*, Büro- und Verwaltungsbauten, Neubau, Umbau und Sanierung Verwaltungszentrum Guisanplatz, Bern
2020	*German Design Award 2020*, Excellent Architecture, Erneuerung Stadttheater, Langenthal BE
2021	*best architects 21 award*, Umbau Casinoplatz 2, Asino il Bar, Bern

PUBLIKATIONEN / AUSSTELLUNGEN

Die Publikationen und Ausstellungen zu unseren Projekten sind auf www.aebi-vincent.ch zu finden.

CHRISTOPH SCHLÄPPI (TEXTBEITRÄGE)

1965	geboren in Lenk i. S.
1985–1994	Studium der Architekturgeschichte, Kunstgeschichte und Geografie an der Universität Bern
1995–2002	Assistent am Lehrbereich Architekturtheorie der ETH Zürich
2002–2010	Vizepräsident des Schweizer Heimatschutzes (seit 2010 Chef Bauberatung)
2002–	eigenes Büro mit Schwerpunkt Geschichte und Theorie der Architektur und des Städtebaus. Regelmässige Publikationen und Teilnahme an Wettbewerbs- und Planungsverfahren mit verschiedenen Architekturbüros. Experte, Jurymitglied und Gastkritiker
2004–	Sekretär der Stadtbildkommission Bern
2005–2009	Lehrauftrag Architekturkritik an der ETH Zürich
2010–	Dozent für Architekturkritik an der zhaw Winterthur

AWARDS

2003	*ATU – PRIX 2003*, Bernischer Kulturpreis für Architektur, Technik und Umwelt, conversion and construction mountain lodge, Niesen, Mülenen BE *swiss architects*, 33/2003: "Bau der Woche – Plattform der Ruhe", conversion and construction mountain lodge, Niesen, Mülenen BE
2006	*Neues Bauen in den Alpen – Architekturpreis 2006*, conversion and construction mountain lodge, Niesen, Mülenen BE *Goldene Spenglerarbeit*, conversion and construction mountain lodge, Niesen, Mülenen BE
2009	*Prix Lumière*, 3rd Prize, Schweizer Lichtgesellschaft SRG, parliament building, Bern
2010	*swiss architects*, 27/2010: "Bau der Woche – Mit Quartierqualität", apartment building conversion and construction, Bernstrasse 15B/C, Herzogenbuchsee BE Nominated, *Designpreis Deutschland 2011*, small buildings in public space: Lightbox, Bern *red dot award*, product design, small buildings in public space: Lightbox, Bern *best architects 11 award*, conversion and construction mill site, Herbligen BE *Dr. Jost Hartmann Preis*, parliament building, Bern
2011	Nominated, *Daylight Award 2012*, apartment building conversion and construction, Bernstrasse 15B/C, Herzogenbuchsee *Rat für Formgebung*, Designpreis Deutschland, nominated, small buildings in public space: Lightbox, Bern
2012	*Daylight Award*, Nomination, Velux Stiftung, conversion and construction mill site, Bernstrasse 15B/C Herzogenbuchsee
2014	*ICONIC AWARD*, product winner, door handle collection, Geneva, Glutz Solothurn
2015	*German Design Award*, SPECIAL MENTION, door handle collection, Geneva, Glutz Solothurn
2018	*best architects 19 award*, interior work, renovation town theatre, Langenthal BE *best architects 19 award*, commercial and industrial buildings, conversion and construction youth hostel, Bern *swiss architects*, 48/2018: "Bau der Woche – Quartierqualität", conversion and construction youth hostel, Bern
2019	*best architects 20 award*, office and administrative buildings, construction, conversion und refurbishment administrative centre Guisanplatz, Bern
2020	*German Design Award 2020*, Excellent Architecture, renovation town theatre, Langenthal BE
2021	*best architects 21 award*, Casinoplatz 2 conversion, Asino il Bar, Bern

PUBLICATIONS / EXHIBITIONS

Our publications and exhibitions are presented online at www.aebi-vincent.ch.

CHRISTOPH SCHLÄPPI (ARTICLES)

1965	Born in Lenk i. S.
1985–1994	Studied History of Architecture, History of Art and Geography at the University of Bern
1995–2002	Assistant at the Institute for the Theory of Architecture, ETH Zurich
2002–2010	Vice President of the Swiss Heritage Society (since 2010 head of construction consulting)
2002–	Founded office focusing on the history and theory of architecture and urbanism Frequently published articles and participation in competition and planning processes together with various architectural practices Expert, jury member and guest critic
2004–	Secretary, Cityscape Committee, Bern
2005–2009	Teaching position, Architectural Critique, ETH Zurich
2010–	Lecturer, Architectural Critique, zhaw Winterthur

FINANZIELLE UND IDEELLE UNTERSTÜTZUNG

Ein besonderer Dank gilt den Institutionen und Sponsorfirmen, deren finanzielle Unterstützungen wesentlich zum Entstehen dieser Buchreihe beitragen. Ihr kulturelles Engagement ermöglicht ein fruchtbares und freundschaftliches Zusammenwirken von Baukultur und Bauwirtschaft.

FINANCIAL AND CONCEPTUAL SUPPORT

Special thanks to our sponsors and institutions whose financial support has helped us so much with the production of this series of books. Their cultural commitment is a valuable contribution to fruitful and cordial collaboration between the culture and economics of architecture.

Schweizerische Eidgenossenschaft
Confédération suisse
Confederazione Svizzera
Confederaziun svizra

Eidgenössisches Departement des Innern EDI
Bundesamt für Kultur BAK

prohelvetia

SWISSLOS
Kultur Kanton Bern

Burgergemeinde Bern

Soutenu par la
VILLE DE CAROUGE

Aebi & Vincent Architekten
84. Band der Reihe De aedibus
Herausgeber: Heinz Wirz, Luzern
Konzept: Heinz Wirz; Aebi & Vincent Architekten, Bern
Projektleitung: Quart Verlag, Linus Wirz
Textbeiträge: Christoph Schläppi, Bern
Objekttexte: Christoph Schläppi
Textlektorat Deutsch: Dr. Eva Dewes, Saarbrücken
Übersetzung Deutsch–Englisch: Nicholas Elliott, Berlin
Textlektorat Englisch: Benjamin Liebelt, Berlin und
Aebi & Vincent Architekten
Fotos: Adrian Scheidegger, Bern; Alexander Jaquemet, Erlach;
Thomas Telley, St. Antoni; Thomas Andenmatten, Brig (S. 93)
Redesign: BKVK, Basel – Beat Keusch, Angelina Köpplin-Stützle
Grafische Umsetzung: Aebi & Vincent Architekten,
Adrian Scheidegger, Bern mit Sofie's Kommunikationsdesign, Zürich
und Quart Verlag
Lithos: Printeria, Luzern
Druck: DZA Druckerei zu Altenburg GmbH

ISBN 978-3-03761-199-9

**Aebi & Vincent Architekten
Volume 84 of the series De aedibus
Edited by: Heinz Wirz, Lucerne
Concept: Heinz Wirz; Aebi & Vincent Architekten, Bern
Project management: Quart Verlag, Linus Wirz
Articles by: Christoph Schläppi, Bern
Project descriptions: Christoph Schläppi
German text editing: Dr. Eva Dewes, Saarbrücken
German–English translation: Nicholas Elliott, Berlin
English text editing: Benjamin Liebelt, Berlin and
Aebi & Vincent Architekten
Photos: Adrian Scheidegger, Bern;
Alexander Jaquemet, Erlach; Thomas Telley, St. Antoni;
Thomas Andenmatten, Brig (p. 93)
Redesign: BKVK, Basel – Beat Keusch,
Angelina Köpplin-Stützle
Graphical layout: Aebi & Vincent Architekten,
Adrian Scheidegger, Bern with
Sofie's Kommunikationsdesign, Zurich and Quart Verlag
Lithos: Printeria, Lucerne
Printing: DZA Druckerei zu Altenburg GmbH**

ISBN 978-3-03761-199-9

Quart Verlag GmbH
Denkmalstrasse 2, CH-6006 Luzern
books@quart.ch, www.quart.ch

De aedibus
Zeitgenössische Architekten und ihre Bauten

De aedibus
Contemporary architects and their buildings

84 Aebi & Vincent Architekten (de/en)
83 Baumberger & Stegmeier (de/en)
82 L-architectes (de/en, de/fr)
81 Frei Rezakhanlou (de/en)
80 weberbrunner (de/en)
79 Meyer Piattini (de/en)
78 meier + associés architectes (de/en, de/fr)
77 Lin Robbe Seiler (de/en, de/fr)
76 Meier Leder (de/en)
75 Butikofer de Oliveira Vernay (de/en)
74 Elisabeth & Martin Boesch (de/en)
73 spaceshop Architekten (de/en)
72 Kast Kaeppeli (de/en)
71 Philippe Meyer (de/en, fr)
70 bartbuchhofer (de/en)
69 Hauenstein La Roche Schedler (de/en)
68 Graeme Mann & Patricia Capua Mann (de/en)
67 Esposito Javet (de/en, de/fr)
66 Galletti Matter (de/en, de/fr)
65 Fruehauf, Henry & Viladoms (de/en)
64 Jakob Steib (de/en)
63 bunq (de/en)
62 Jean-Paul Jaccaud (de/en, de/fr)
61 huggenbergerfries (de/en)
60 Berrel Berrel Kräutler (de/en)
59 Pierre-Alain Dupraz (de/en, de/fr)
58 Cometti Truffer (de/en)
57 Joos & Mathys (de/en)
56 Lacroix Chessex (de/en)
55 Savioz Fabrizzi (de/en, de/fr)
54 Boegli Kramp (de/en)
53 Zita Cotti (de/en)
52 Oestreich + Schmid (de/en)
51 Stump & Schibli Architekten (de/en)
50 Luca Gazzaniga (de/en)
49 Guignard & Saner (de/en)
48 Morger + Dettli (de/en)
47 Charles Pictet (de/en)
46 Armando Ruinelli + Partner (de/en/it)
45 Luca Selva Architekten (de/en)
44 Luca Deon (de/en)
43 2b (de/en)
42 Durisch + Nolli (de/en)
41 sabarchitekten (de/en)
40 Beat Rothen (de/en)
39 Atelier Bonnet (de/en)
38 Novaron (de/en)
37 Althammer Hochuli (de/en)
36 Schneider & Schneider (de/en)
35 Frei & Ehrensperger (de und en)
34 Liechti Graf Zumsteg (de/en)
33 Adrian Streich (de/en)
32 Daniele Marques (de/en)
31 Neff Neumann (de/en)
30 Giraudi Wettstein (de/en)
29 Steinmann & Schmid (de/en)
28 Matthias Ackermann (de/en)
27 Aeby & Perneger (de/en)
26 Bakker & Blanc (de/en)
25 Markus Wespi Jérôme de Meuron (de/en)
24 Bauart (de/en, de/fr)
23 Knapkiewicz & Fickert (de/en)
22 Marcel Ferrier (de/en)
21 Wild Bär Architekten (de/en)
20 Enzmann + Fischer (de/en)
19 Mierta und Kurt Lazzarini (de/en)
18 Rolf Mühlethaler (de/en)
17 Pablo Horváth (de/en)
16 Brauen + Wälchli (de/en)
15 E2A Eckert Eckert Architekten (de/en)
14 Lussi + Halter (de/en)
13 Philipp Brühwiler (de/en)
12 Scheitlin – Syfrig + Partner (de/en)
11 Vittorio Magnago Lampugnani (de/en)
10 Bonnard Woeffray (de/en und de/fr)
9 Graber Pulver (de/en)
8 Burkhalter Sumi / Makiol Wiederkehr (de/en)
7 Gigon/Guyer (de und en)
6 Andrea Bassi (de, fr und en)
5 Dieter Jüngling und Andreas Hagmann (de und en)
4 Beat Consoni (de und en)
3 Max Bosshard & Christoph Luchsinger (de)
2 Miroslav Šik (de, en und it)
1 Valentin Bearth & Andrea Deplazes (de, en und it)

books@quart.ch, www.quart.ch